中国传统村落文化抢救与研究

文化区系列

吴越传统村落

吴必虎 罗德胤 张晓虹 汤敏 ◎ 主编
崔峰 王丽娴 张光明 ◎ 编著

国家出版基金项目
NATIONAL PUBLICATION FOUNDATION

海天出版社
·深圳·

图书在版编目（CIP）数据

吴越传统村落 / 吴必虎等主编. — 深圳：海天出版社，2020.12

（中国传统村落文化抢救与研究.文化区系列）

ISBN 978-7-5507-2996-4

Ⅰ. ①吴⋯ Ⅱ. ①吴⋯ Ⅲ. ①村落－研究－华东地区 Ⅳ. ①K928.5

中国版本图书馆CIP数据核字(2020)第173633号

审图号：GS（2020）5315号

吴越传统村落
WUYUE CHUANTONG CUNLUO

出 品 人	聂雄前
项目策划	许全军
项目统筹	南　芳
责任编辑	朱丽伟
责任校对	叶　果
责任技编	郑　欢
装帧设计	知行格致

出版发行	海天出版社
地　　址	深圳市彩田南路海天综合大厦（518033）
网　　址	www.htph.com.cn
订购电话	0755-83460239（邮购、团购）
设计制作	深圳市知行格致文化传播有限公司　Tel：0755-83464427
印　　刷	中华商务联合印刷（广东）有限公司
开　　本	787mm×1092mm　1/16
印　　张	16.75
字　　数	210千
版　　次	2020年12月第1版
印　　次	2020年12月第1次
定　　价	398.00元

海天版图书版权所有，侵权必究。
海天版图书凡有印装质量问题，请随时向承印厂调换。

"中国传统村落文化抢救与研究·文化区系列"
编委会

EDITORIAL COMMITTEE

丛书主编：吴必虎　罗德胤　张晓虹　汤　敏

《中国传统村落概论》

编委会主任：张宝秀、成志芬
编委会成员：朱永杰、刘剑刚、李　扬、
　　　　　　时少华、张　勃、苑焕乔、
　　　　　　周爱华
编写分工：第一章　张宝秀、成志芬
　　　　　第二章　朱永杰
　　　　　第三章　刘剑刚
　　　　　第四章　李　扬
　　　　　第五章　成志芬、苑焕乔
　　　　　第六章　张　勃、李　扬
　　　　　第七章　时少华

《中原传统村落》

编委会主任：丁　华、张　东、
　　　　　　杨　博、郭晋媛
编委会成员：杨晓俊、戴　宏、刘改芳、
　　　　　　栗晓楠、刘　晗、姚　浪、
　　　　　　李羿祥、薛艳青、戴景文、
　　　　　　蒋星怡、朱凯凯、黄静怡、
　　　　　　廖文强、张　悦、陈鑫源、
　　　　　　陈姗姗、陈添珍、高媛媛、
　　　　　　刘丽丽、易远铨、黎燕君、
　　　　　　王　坤、易　雪、萧僖雯、
　　　　　　沈思源、苏小燕

《徽州传统村落》

编委会主任：张云彬、张宏梅、王　娟
编委会成员：张　茹、沈思佳、张业臣、
　　　　　　张小军、闻　飞、方敦礼
编写分工：第一章　张云彬
　　　　　第二章　张宏梅、张云彬
　　　　　第三章　张云彬
　　　　　第四章　王　娟
　　　　　第五章　张云彬、张宏梅、
　　　　　　　　　王　娟
　　　　　第六章　张宏梅

《荆楚传统村落》

编委会主任：龚胜生、何小芊、胡　娟、
　　　　　　陈丽军
编委会成员：伍昌友、李孜沫、魏幼红、
　　　　　　张　涛
编写分工：第一章　龚胜生、何小芊
　　　　　第二章　何小芊
　　　　　第三章　胡　娟、龚胜生
　　　　　第四章　胡　娟
　　　　　第五章　陈丽军
　　　　　第六章　陈丽军
　　　　　第七章　何小芊

《客家传统村落》

编委会主任：陈　川
编委会成员：萧清碧、黄宗焕、李长青、
　　　　　　何烈孝、沈　洁
编写分工：第一章　陈　川、萧清碧
　　　　　第二章　陈　川、萧清碧
　　　　　第三章　萧清碧、陈　川、
　　　　　　　　　黄宗焕、李长青
　　　　　第四章　萧清碧、陈　川、
　　　　　　　　　黄宗焕
　　　　　第五章　萧清碧、李长青、
　　　　　　　　　黄宗焕、陈　川
　　　　　第六章　陈　川、萧清碧、
　　　　　　　　　黄宗焕、何烈孝

《西南传统村落》

编委会主任：刘丹萍、高　璟、吴艳阳、
　　　　　　徐　燕
编委会成员：陈玲玲、刘博宇、郭可欣、
　　　　　　赵昱嫣、郭聪聪、方家刚、
　　　　　　宋尚周
编写分工：第一章　刘丹萍、高　璟
　　　　　第二章　刘丹萍、高　璟
　　　　　第三章　刘丹萍、高　璟
　　　　　第四章　刘丹萍、高　璟
　　　　　第五章　刘丹萍、高　璟、
　　　　　　　　　吴艳阳、徐　燕
　　　　　第六章　刘丹萍、高　璟

《关东传统村落》

编委会主任：朱晓蕾、王福刚
编委会成员：付　卉、甘　静
编写分工：第一章　付　卉、朱晓蕾
　　　　　第二章　朱晓蕾
　　　　　第三章　王福刚
　　　　　第四章　朱晓蕾
　　　　　第五章　甘　静、朱晓蕾、
　　　　　　　　　王福刚
　　　　　第六章　朱晓蕾

《吴越传统村落》

编委会主任：崔　峰、王丽娴、张光明
编委会成员：千继贤、王　瑜、朱晓庆、
　　　　　　尤　峰
编写分工：第一章　崔　峰、朱晓庆
　　　　　第二章　崔　峰、千继贤
　　　　　第三章　王丽娴、崔　峰
　　　　　第四章　王　瑜
　　　　　第五章　崔　峰、尤　峰
　　　　　第六章　张光明

《西北传统村落》

编委会主任：李 丁、苗 红、冶建明
编委会成员：韩雅敏、林 燕、孟 璐、
　　　　　　王文倩、李珍珍、黄 雪、
　　　　　　耿一睿、刘国锋、王 芸、
　　　　　　王 宁、余 洋、王 鑫
编写分工：第一章 李 丁、苗 红、
　　　　　　　　　冶建明
　　　　　第二章 李 丁
　　　　　第三章 苗 红
　　　　　第四章 冶建明
　　　　　第五章 李 丁、苗 红、
　　　　　　　　　冶建明

《滨海传统村落》

编委会主任：裴 丹
编委会成员：黄丽华、严琳霞、李丹洋、
　　　　　　尚珍宇
编写分工：第一章 裴 丹
　　　　　第二章 裴 丹
　　　　　第三章 尚珍宇、裴 丹
　　　　　第四章 李丹洋、严琳霞、
　　　　　　　　　裴 丹
　　　　　第五章 黄丽华、严琳霞、
　　　　　　　　　李丹洋、裴 丹
　　　　　第六章 严琳霞、裴 丹

《黄淮海传统村落》

编委会主任：邢慧斌
编委会成员：魏云刚、孙庆久、佟 薇、
　　　　　　吴 军、马 晓
编写分工：第一章 佟 薇、邢慧斌
　　　　　第二章 孙庆久、邢慧斌
　　　　　第三章 马 晓、邢慧斌
　　　　　第四章 魏云刚、邢慧斌
　　　　　第五章 吴 军、邢慧斌

《巴蜀传统村落》

编委会主任：刘小方、李小波
编委会成员：纪凤仪、冯祉烨、王晓文
编写分工：第一章 冯祉烨、刘小方、
　　　　　　　　　李小波
　　　　　第二章 冯祉烨
　　　　　第三章 刘小方、冯祉烨
　　　　　第四章 纪凤仪

《藏蒙传统村落》

编委会主任：朱普选

编委会成员：明庆中、梁旺兵、曾　谦、
　　　　　　琼　达、罗鬓敏、黄　丽、
　　　　　　尚前浪、先　巴、秦　旭、
　　　　　　李　凡、阿荣娜、肖卫东、
　　　　　　史家铭、达　桑、慈尚普、
　　　　　　蒋其平

编写分工：第一章　朱普选
　　　　　第二章　琼　达、肖卫东、
　　　　　　　　　史家铭、达　桑、
　　　　　　　　　慈尚普、蒋其平
　　　　　第三章　罗鬓敏、先　巴
　　　　　第四章　梁旺兵、秦　旭
　　　　　第五章　黄　丽
　　　　　第六章　尚前浪、李　凡、
　　　　　　　　　明庆中
　　　　　第七章　曾　谦、阿荣娜

《东南传统村落》

编委会主任：吴荣华、王国栋、郑庆之、
　　　　　　黄丽华

编委会成员：叶乃齐、冯仕晏、曾健鹏、
　　　　　　陈秋晓、邓冰蓉

编写分工：第一章　王国栋
　　　　　第二章　王国栋
　　　　　第三章　郑庆之
　　　　　第四章　吴荣华
　　　　　第五章　吴荣华、王国栋、
　　　　　　　　　黄丽华
　　　　　第六章　吴荣华、王国栋、
　　　　　　　　　黄丽华

《江淮传统村落》

吴小伟　编著

致谢

林丽琴、姜丽黎、宋尚周、谢冶凤、王梦婷、王定镇、王　琳、周爱清、陈建茂、于小强

序言
PREFACE

进入二十一世纪的中国，城市化进程发展十分迅速。城市化脚步之快，快过了这个社会的思考的速度。在这样一种背景下，大量的农业人口进城，大量的乡村"空心化"，伴随着相当长的一个时期内地方发展对土地财政的严重依赖，在村集体所有制的宅基地制度基础上农民对乡村规划建设的弱势地位，以及其他一些社会经济和文化原因，导致了中国传统村落大片大片消失。正如一大批分布于全国各地，从事各行各业，痛惜于传统村落的快速消亡，钟情于怀念美丽田园生活里的梦幻童年，致力于利用各种方式抢救濒于困境的故土，投身于丰富多姿的乡村文化遗产研究领域的人们一样，五六年前我们几个志同道合的小伙伴，清华大学建筑学院的罗德胤副教授，北京大学俞孔坚教授的学生、古村之友发起人汤敏硕士，浙江桐乡乌镇和北京古北水镇主理人陈向宏先生，发起成立了古村镇大会，并分别在浙江乌镇、山东滨州、北京古北水镇和山西碛口古镇，召开了四次古村镇大会。在办会过程中，几位会议创办人提起了组织编辑出版一套古村研究丛书的想法，这一想法得到了深圳海天出版社的支持，申报了"十三五"出版规划，并顺利获得批准立项。

这套丛书的框架相当庞大，初步设想包括文化区系列、物质文化系列和非物质文化系列。这么庞大的系列，组织起来难度可想而知。为了增强组织和编写力量，我们又邀请了复旦大学中国历史地理研究所所长张晓虹教授加盟。目前推出的十五册，仅是其中第一辑文化区系列。

为什么要从文化区视角组织第一辑系列丛书？这主要基于中国传统村落形成发展于中国广袤的国土、悠久的历史、多民族共融的文化视角的考虑。

从自然地理角度看，中国南北横跨热带、亚热带和温带三个气候地带，东西纵盖60多个经度，具有东部滨海平原、中部山地高原盆地、西部干旱沙漠和高寒山地高原等多种地貌形态，海拔高度又具有从海平面以下数百米到世界屋脊最高峰8848.86米的最大高差形成的垂直气候带和植被带。在这么广阔、多样的自然地理条件下形成的村落，必然呈现出世界上最为丰富的聚落景观和文化形态。

此外，动辄数千年的悠久历史和历史上波澜壮阔的人口迁移与融合，又为传统村落打上了深厚文化底蕴和丰富民族特色的烙印。

基于以上几个条件，实际上，文化区系列的传统村落，从一个较为宏观的层面，而非村落本身，更非民居建筑单体，来呈现和传承中国灿烂多姿的乡村文明画卷。

第一辑文化区系列的传统村落板块，除了第一册《中国传统村落概论》综述其概，其余十四册基本上放在特定文化区的概述、物质文化、非物质文化，以及传统村落文化保护与旅游活化这样一个基本结构内阐述。其中绝大多数分册表述的是一个较为连续的地域单元，如中原、江淮、巴蜀、客家等文化区，这些文化区虽然具有基本上一致的身份认同，但具体绘制到地图上时，并非易事。

文化区属于一种人类认知的范畴，不仅难以提出统一准确的判别标准，而且即使有一些参数可供核准，但在不同的审视者眼里得到的评价结果也会存在不同。另外，人口迁移、现代化冲击和民族融合，也客观存在着两种甚至更多的文化融合，出现了一些所谓的文化叠合区域。例如，在讨论青藏高原时，可以把青海与西藏视为一个整体区域，但实际上青海除了藏蒙文化，在接近甘肃和新疆的部分，也还有相当多的西北文化。此外，在中原文化区与黄淮海文化区之间、中原文化区与江淮文化区之间、吴越文化区与徽州文化区之间，也都存在一定程度的文化叠合现象。

一般情况下，文化区应该是连续的地域空间，但也有个别情况比较特殊，一个是藏蒙文化，它是按照藏传佛教的分布特点来组织的，藏传佛教影响区的村落或集镇，都有围绕喇嘛庙而建设的特点，它们在空间上地域非常广大。另一个是滨海文化，它是按照临海居岛的地理特点来组织的，涉及中国一万多公里的海岸线，北面涉及黄渤海，中间是东海，南部是南海，这些绵长的海岸线和有人居住的岛屿上，形成的岛居海厝不仅独具一格，而且同样彰显中国自身的海洋文化。关于这一点，过去的传统村落研究，常常并未加以足够重视。

包括传统村落在内的文化景观具有丰富的多样性，区域多样性是其突出表现之一。这套丛书力图通过对进入官方视野、获得几个部委共同颁布的传统村落体系的乡村聚落为主要探讨对象的分析，来获得社会更加广泛的注意，让更多的机构和社会各阶层关注传统村落的传承和发展，唤起更多的部门和公众研究传统村落传承和发展过程中存在的政策、法规、理念与价值冲突，共同寻求其解决之道，为中国传统村落这一特殊文化景观的保护和长期发展贡献一份自己的力量。

吴必虎

2020 年 12 月 11 日

于北京大学逸夫二楼

目录

CONTENTS

第一章 概述 001

第一节　吴越文化的形成 / 002
　　一、吴文化的形成 / 002
　　二、越文化的形成 / 006
　　三、吴越文化的形成 / 007

第二节　吴越文化的内涵与特质 / 010
　　一、吴越文化的内涵 / 010
　　二、吴越文化的特质 / 013

第三节　吴越文化区的范围 / 023

第二章 吴越传统村落景观特征及形成原因 027

第一节　吴越传统村落的景观特征 / 028
　　一、自然美景，山水神秀 / 029
　　二、小桥流水，稻桑渔猎 / 030
　　三、聚族而居，古建林立 / 031
　　四、阴阳风水，天人合一 / 032
　　五、天井木宅，雕梁画栋 / 034
　　六、园林风景，耕读田园 / 035

第二节　吴越传统村落景观形成的原因 / 036
　　一、自然环境 / 036
　　二、社会背景 / 039
　　三、文化因素 / 041

第三章

吴越传统村落的物质文化景观
045

第一节　吴越传统村落的聚落环境 / 046
　　一、以太湖为中心 / 046
　　二、以干栏式建筑为起源 / 047

第二节　吴越传统村落的代表性环境要素 / 048
　　一、层级分明的生产空间：圩田格局 / 050
　　二、功能显著的水利设施：塘浦系统 / 051
　　三、延续千年的农业文化景观：桑基鱼塘与稻鱼共生系统 / 053
　　四、聚落营造中的移民文化 / 056

第三节　吴越传统村落的空间格局 / 063
　　一、格局要素及类型 / 064
　　二、格局意象 / 068
　　三、格局模式 / 084

第四节　吴越传统村落的建筑要素 / 090
　　一、水因素影响下的格局与构造 / 090
　　二、区域差别较大的建筑装饰 / 094

第四章

吴越传统村落的非物质文化景观
099

第一节　吴越传统村落的生产方式 / 100
　　一、生产技术 / 100
　　二、生产工具 / 108
　　三、生产制度 / 111

第二节　吴越传统村落的生活习俗 / 113
　　一、方言 / 113

二、饮食 / 114
　　三、服饰 / 119
　　四、节事民俗 / 121

第三节　吴越传统村落的民间信仰 / 126
　　一、蚕神信仰 / 126
　　二、稻、鱼信仰 / 128
　　三、鸟神信仰 / 129
　　四、三光信仰 / 130
　　五、龙王信仰 / 131

第四节　吴越传统村落的宗法礼教 / 132
　　一、宗族祭祀 / 132
　　二、宗族礼仪 / 134
　　三、乡规民约 / 137
　　四、乡贤文化 / 139

第五节　吴越传统村落的民间技艺 / 141
　　一、绘画 / 141
　　二、书法 / 144
　　三、刺绣 / 145
　　四、曲艺 / 147
　　五、造园 / 149
　　六、陶瓷 / 152

第五章　吴越传统村落保护 155

第一节　吴越传统村落保护现状 / 156
　　一、分布状况 / 156
　　二、保护政策与成效 / 162

第二节　吴越传统村落保护面临的困境及原因 / 173
　　一、保护困境 / 173
　　二、原因分析 / 179

第三节　吴越传统村落的保护路径 / 183
　　一、盘活文化资源，推动乡村振兴 / 184
　　二、加强宣传教育，提高保护意识 / 186
　　三、完善法律法规，健全保护制度 / 187
　　四、调动村民积极性，促进保护主体多元化 / 188
　　五、拓展资金筹措渠道，弥补保护经费缺口 / 191

第六章　吴越传统村落的旅游活化案例　193

第一节　诸葛村的社区主导型模式 / 194
　　一、诸葛村简介 / 194
　　二、诸葛村的旅游活化实践 / 195
　　三、诸葛村旅游活化模式的启示 / 199

第二节　宏村的政府主导、市场运作、群众参与型模式 / 200
　　一、宏村简介 / 200
　　二、宏村的旅游活化实践 / 201
　　三、宏村旅游活化模式的启示 / 203

第三节　杨柳村的外力主导型模式 / 205
　　一、杨柳村简介 / 205
　　二、杨柳村现状 / 205
　　三、杨柳村的旅游活化实践 / 206

参考文献 / 210

附录：吴越传统村落名单 / 212

后记 / 250

中国传统村落文化抢救与研究

文化区系列

第一章

Chinese Traditional Villages

概述

吴越文化是中华文化体系的重要组成部分。数千年来，吴越文化作为一种具有鲜明地方特色和深厚人文积淀的区域文化，创造出许许多多为世人瞩目、令人骄傲的优秀文化成果，有力地推动了江南地区的经济发展和社会进步，也为中华民族的发展与进步做出了独有贡献。

"吴越"既是地域概念，也是中国历史上一个时代的概念，还是一个文化概念。"吴"指苏南和浙北一带，"越"指浙东（在古吴越文化体系中，吴、越两地以钱塘江为界。钱塘江流贯浙江，并将浙江分为浙东和浙西，浙东为越，浙西为吴），这两地最早均是周时的国名。唐末将"吴越"并称共辖，使之成为"五代十国"之一的"吴越国"，"吴越"由此变成了时期的概念。吴文化，主要是指以无锡梅里为核心的环太湖区域的吴地文化。越文化，主要是指以浙江绍兴为核心区域的越地文化。"吴越文化"就是吴地文化与越地文化的统称，由吴文化与越文化组成。一般而言，吴越文化是长江下游地区江浙一带的主流文化，因此也称为江浙文化。

第一节
吴越文化的形成

一、吴文化的形成

从时间维度上看，依据考古学的考察，吴文化的源头最早可追溯到距今一万年前的太湖三山岛三山文化，此后又经过马家浜文化、良渚文化演变而来。但由于它在文化特征上很难与其他原始文化区别开，因而在辨析、确认上存在一定的困难，因此，学界对吴文化起源时间的考证，一般是放在远离三山文化之后的奴隶社会。一种比较普遍的观点是，吴文化的起源应推迟到中国先秦商周时期的"太伯奔吴"。在这则歌颂太伯、仲雍让位于季历的美德故事中，主人公太伯一直被很多吴文化研究者看作是建立吴国的始祖。综观学界诸多考证和研究成果，吴文化的形成有一个历史阶段，其起源时间大致可断定为"从太湖三山古文化时期到商末的'先吴文化'"。

从空间维度上看，吴文化的发源地究竟是从一开始就在今天的苏州、无锡，还是先以宁镇为中心，然后迁移到苏州太湖流域，学界对此有一些不同观点。如果以争议较少的"太伯奔吴"作为吴文化的源头，那么根据东汉以后的历史文献记载，人们多认为吴文化的发源地是在今天苏南的苏州、无锡、常州一带。如唐张守节在《史记正义》中的记载："吴，国号也。太伯居梅里，在常州无锡县东南六十里。"清高士奇在《春秋地名考略》中也指出："今无锡县东南三十里有泰伯城，地曰梅里村。"也有学者提出质疑，认为太伯带领周人于商周之际建立的吴国不会立国于太湖地区，因为现在苏州、无锡一带与太伯有关的文化遗迹均为东汉以后所建，如无锡梅里（今梅村街道）泰伯庙和鸿声（今鸿山街道）泰伯墓，最早为东汉永兴二年由汉桓帝敕令吴郡太守所建。"太伯奔吴"，太伯最先到达并立足于宁镇地区，即以今天南京江宁地区为核心区域。而公元前514年，吴王在苏州营建都城（俗称"圆城"或"吴大城"），则标志着吴国的政治中心正式由宁镇地区迁移至太湖地区。有学者认为，随着吴国势力在太湖地区的发展，特别是出于吴越战争的需要，吴国的政治中心才由宁镇地区东移至太湖地区的无锡、苏州一带。

关于吴文化源头的确立，尚需要以后考古学的新发现。如果吴文化以早期的三山文化为起点，那么，吴文化的本质属性则更具有本土色彩；如果以稍晚的"太伯奔吴"为起点，那么，吴文化则是商周文化和太湖流域土著文化碰撞结合的结果。一般认为，吴文化的起源，从原生态上，应是以早期三山文化为代表的本土文化为"元结构"或精神基因，这是吴文化最深最远的文化根系。由于文化的起源并不是一个单纯的瞬间，而是需要相当漫长的历史区间才能完成，所以才有了稍后吸收了中原商周文化并最终融合而成的吴文化。特别是"太伯奔吴"中的"文身断发"行为。同时，可以表明以三山文化为代表的本土文化是吴文化更加原始的形态，这也符合以苏州、无锡为中心的太湖流域在历史上一直构成吴文化核心区域的特点。

《史记》记载："季历贤，而有圣子昌，太王欲立季历以及昌，于是太伯、仲雍二人乃奔荆蛮，文身断发，示不可用，以避季历。"太伯和仲雍避让王位来到江南蛮夷之地，随当地习俗文身、剪发，表示不再当国君。"太伯之奔荆蛮，自号句吴，荆蛮义之，从而归之千馀家，立为吴太伯。"[①] 从此，太伯在无锡梅里建立了吴国。周章已经是吴君，就此仍封于吴。又把太伯之弟虞仲封在周北边的夏都故址，就是虞仲，位列诸侯。从此开启了吴文化。

周康王时期，将东南广袤的土地分给了太伯的姬姓后代。"自太伯作吴，五世而武王克殷，封其后为二：其一虞，在中国；其一吴，在夷蛮。"通过这次分封，吴国的统治范围从太湖流域扩大到

---

① 史记·卷三十一·吴太伯世家.

宁镇地区，由此初步奠定了稳定的政治疆域。春秋后期，吴国将都城迁往太湖流域，在苏州建立阖闾城，自此2000多年，苏州古城址都没有太多的变化。后来越国打败吴国，吴越文化开始交融发展。

河姆渡文化繁衍稳定于越地，少有北移。后来的良渚文化越过钱塘江，抵达长江流域。3000多年前，太湖流域仍以渔猎为主、农耕为辅。后来太伯奔吴，带来了中原先进的农耕文明。化荆蛮之方，与华夏同风，从而使吴地超过了越地。历史上，越国一直比较弱小，数百年来，基本为吴国所控制。其间历经争斗，终以越王勾践灭吴改变了格局。但当时吴文化在总体上毕竟高于越文化，所以不久吴强越弱的态势又复萌了。到了汉代，吴越基本连称而不分彼此。三国时期，东吴割据江东，与魏蜀成鼎足之势，越地是东吴稳定的后方。

太伯、仲雍两兄弟从黄河流域的周国到长江流域的荆蛮之后，开辟一方，兴邦建国，自立为主，建立了吴国。由此可见，吴文化从产生之日起，就具备两个母本体系或两个文化源头：其一是隶属于长江文明的长江中下游及太湖流域原生的本土文化——江南土著文化；其二是从黄河流域传入且隶属于黄河文明的中原周文化。

吴文化的形成大致可分为以下四个阶段：

第一阶段：先吴时期江南诸文化的演递，是吴文化的直接来源。

第二阶段：西周早、中期，此时吴国青铜文化飞跃发展。

第三阶段：西周晚期至春秋早期，促成了吴国青铜文化体系的形成。

第四阶段：春秋中、晚期，是吴文化发展的全盛时期。

关于吴地的区域范围，有广义和狭义之分。广义的吴地，其空间范围以春秋时期吴国稳定的疆域为基础，大致包括今长江三角洲以南、钱塘江以北的大部分地区和皖南部分地区及江苏长江北岸到淮河流域，有些区域与楚、越两国犬牙交错；狭义的吴地，从自然环境、历史渊源、经济社会和文化特征等多方面综合考察，以太湖为中心（西周时期，吴文化的中心在宁镇；春秋时期，吴文化由宁镇逐渐扩大到太湖地区），相当于今江苏南部（包括苏北沿江地区）、上海地区、浙江北部以及安徽东南部，而长江三角洲地区则是吴文化发展、繁荣的核心地区。吴文化的时间跨度，也有广义和狭义之分。广义的吴文化时间跨度，是从吴地自有人类开始直至现今；而狭义的吴文化时间跨度，则是从商周时期的吴国建立至公元前473年为越国所灭，共延续了700多年。

吴国地处我国长江下游南北交通和文化交流的走廊上，因此它对于沟通商周文化和东南文化起着重要的桥梁作用。同时，它也受到来自南北两方面文化的浸润。吴文化是在南北文化相互交流、碰撞的过程中产生的特定区域文化，富有生气，具有开放性与独立性，善于创新，并在文化融合中保持自己的特色。

二、越文化的形成

越文化的前身是7000年前的河姆渡文化和5000年前的良渚文化。

越国建国的时间，大约是在夏朝。公元前306年，越亡于楚；未到百年，楚并于秦。秦汉两朝均于越地设置会稽郡实施管理，还曾多次移中原民众入越，从此，越文化正式融入汉族文化的大家庭，并确立了自己的区域文化地位，至今仍流行传承。

具体来看，越文化的形成大致经历了以下三个阶段：

第一阶段是先越文化阶段。先越文化也称百越文化，即旧石器时代末到新石器时代的以绍兴会稽为中心的历史文化，此时的越文化沿着海岸向南、向北发展，并沿着长江水系向西、西南、西北发展。这是越文化的开端。

第二阶段是中越文化阶段。中越文化也称越国文化，即以4000多年前大禹在绍兴会稽召集诸国大会、以先越文化中最先进的"越"部落为基础建立"夏后之国"为标志。这是越文化的发展时期。

第三阶段是后越文化阶段。后越文化也称越地文化，即春秋时代的越文化。这是越文化的最终形成时期。越地的区域范围，也有广义和狭义之分。广义的越地，是指中国古代百越部落居住的地方，由江苏、浙江、福建、江西、广东等南部汉族地区及广西等少数民族地区共同组成；狭义的越地，大约是指春秋中晚期越国的基本疆域，包括宁绍平原、杭嘉湖平原和金衢丘陵地区，而钱塘江南岸的宁绍平原和金衢丘陵地区无疑是越国的腹地所在。越文化的时间跨度，从广义上来看，是从越地自有人类开始直至现今；从狭义上看，特指先越文化时期，即从夏朝越国建立至公元前306年为楚国所灭这段时间，前后延续1700多年。

三、吴越文化的形成

吴越文化的源头可以追溯到三山文化、河姆渡文化、马家浜文化和良渚文化时期。越人是新石器时代中晚期河姆渡人、良渚人的后裔。吴越文化是在越族原始文化的基础上，吸收了中原商周文化而发展起来的地域文化。

　　吴文化和越文化同属江南文化,除了春秋时期吴越争霸在政治上相对立外,更多的是相统一。它们同宗同源,具有很大的相容性。这种相容性既体现在两地相通的吴语体系,又体现在相似的生活方式、相近的社会习俗以及宗教信仰等方面。吴文化与越文化相互融合、相互渗透、相互作用,从而形成吴越文化这一区域文化,并成为江南文化的主体。在五代十国时期,吴越国正式建立,从而实现了吴越政治、经济、文化的高度一体化。

　　秦汉时期,随着国家的统一,吴越文化因偏居东南一隅开始处于缓慢发展的低谷状态,大大落后于中原文化。西汉初年,吴王刘濞叛乱,中央政府不断采取"强干弱枝"政策,加强对吴越地区的政治控制和打压。吴越地区在此时期经济落后、人口稀少,吴越文化发展迟缓。东汉末年,北方不断爆发兼并战争,大量士人为躲避战乱而南迁,先进的中原文化由此传入南方。三国时期,东吴政权在建业(今江苏南京)建都,加上南朝时期对江南的开发,吴越文化逐渐兴起。

　　东晋时期,大批北人涌入江南,中原文化遍洒吴越。随着人口的繁衍,吴越两地人多地少的矛盾逐渐凸显,必须精耕细作才能收获足够的粮食和物产。精耕细作的生产方式渗透到吴越人民的生活方式和思维方式中,催生出吴越人心思的细密和技术的精巧,涌现出数不胜数的能工巧匠和画家、书法家、文学家、科学家、思想家。

　　唐宋时期,吴越两地文风鼎盛、人文荟萃。在初唐与盛唐之间,吴越涌现出一批风流倜傥、个性不羁、有名士风采的文人,以文辞俊逸扬名于京城的"吴中四士"——贺知章、包融、张旭和张若虚为代表。盛唐及至中唐,李白、杜甫、白居易等都几度流连忘返于金陵、浙东一带。从钱塘江畔的渡口西行，穿越浙东运河，经萧山到绍兴鉴湖；顺浙东运河向东至上虞，南入曹娥江、剡中，再到天姥山、天台山，有600多位唐代诗人行吟其间，留下了1000多首诗歌。唐诗之后的宋词，又为吴越文化的发展增添了浓墨重彩的一笔。秦观、柳永、辛弃疾、姜夔、吴文英、陆游、王安石、苏轼等诗词大家，咏足了吴越山水的秀美，也尽显了吴越人的刚毅慷慨与柔情缠绵。

元、明、清时期，吴越文化已比北方文化更为兴盛繁荣，并开始向北方汩汩渗透。这种渗透已不是吴人或越人的分别行为，而是以吴越作为一个整体向北方辐射。它不仅表现在文学、艺术等方面，还包含了科学、哲学、经济学等元素。"东南财富地，江浙人文薮。"当时，吴越俨然成为中华文明的一块高地。明代中叶以后，西学东渐，吴越得风气之先，资本主义在中国的萌芽几乎同时在吴越两地发生。

近代以来，吴越两地文化多在上海交汇，且北承京津、南通港粤、西接巴蜀，广纳湘鄂、齐鲁诸路名流英才，兼收东洋日本、西洋欧美的新思潮。吴越文化在嬗变中提升，在兼容并蓄中走向现代。中华人民共和国成立后，吴越文化在曲折中发展。进入改革开放新时期，以上海为龙头、江浙为两翼的长江三角洲迅速崛起，吴越文化重新焕发出光彩。所谓长江文化，是指长江流域地区文化特性和文化集结的总和与集聚，是一个时空交织的多层次、多维度的文化复合体。但是，长江流域覆盖面广，地理特征复杂多变，在长达100多万年的文化发展过程中，也形成了不同的地域文化圈，大体说来，长江文化体系主要包括上游的巴蜀文化，中游的荆楚—湖湘文化，下游的吴越文化三个亚系。作为长江文化体系中的重要组成部分，丁家钟认为"吴越文化主要生存于江、浙、沪地区及皖赣之一部分，晚期向闽粤地区流播，影响所及几达中国东南大部"。[①]

第二节
吴越文化的内涵与特质

一、吴越文化的内涵

在历史发展进程中，吴文化和越文化既有相互融合的一面，又有个性独特的一面。作为中华文化重要组成部分的吴越文化，其内涵具体体现在：

（一）和谐共存

吴文化和越文化，都起源和发展于长三角地区。在古代，吴和越是活动于今长江以南的东南地区的两个土著部族。根据历史记载和考古发掘的资料，证明这两个部族实际上同属于古越族——百越。百越作为我国的一个古老民族，它分布于我国东南及南部地区，其至在越南北部的广大地区也有百越的足迹。"自交趾至会稽

---

① 丁家钟，贺云翱. 长江文化体系中的吴越文化[J]. 南京大学学报（哲学·人文科学·社会科学版），1998（4）：70-73.

七八千里，百越杂处，各有种姓。"《吕氏春秋·恃君览》高诱注云："越有百种。"其中于越、句吴、杨越、闽越、南越、东越、山越、骆越、瓯越等，都是越族中著名的分支。百越支系虽然繁多，但有许多相同之处。吴文化和越文化虽然分处江浙不同地区，但同属长江文明的支流，在历史发展过程中相互吸纳，相互交融。《越绝书》记载"吴越为邻，同俗并土""吴越二邦，同气共俗"。《吴越春秋·夫差内传》云："吴与越，同音共律，上合星宿，下共一理。"《吕氏春秋·知化》亦云："夫吴之与越也，接土邻境，壤交通属，习俗同，言语通。"吴越的相同特征，一是稻作文化相同。由于气候地理都适于稻作生长，水稻种植成为吴越的主业。二是淡水养殖业相同。由于地处水乡泽国，有得天独厚的渔业资源，渔业成为吴越的重要经济行业。林乃燊指出："真正的淡水养殖业，大概起源于春秋时的吴越。"三是制造工艺相同。吴越都制造几何印纹陶器，从出土的"夫差自乍其元用剑"（现藏于中国国家博物馆）和"越王勾践自乍用剑"（现藏于湖北省博物馆）来看，其制作工艺水平和风格特征均无太大差别。四是语言相同。吴越古语都为越语。五是习俗相同。《史记·吴太伯世家》记载，"太伯、仲雍二人乃奔荆蛮"后"文身断发"。《史记·越王勾践世家》也有"文身断发，批草莱而邑焉"的记载。这种习俗固然与图腾崇拜有关，但也反映出吴越先民相近的审美意识。另外，在葬俗上，土墩墓和石室土墩墓是吴越地区相同的安葬方式。

（二）和而不同

吴越两地比邻相处，其先民皆为百越族，有许多相同的文化特征。但吴越两地由于地域的不同及生产力发展不平衡，也产生了各自不同的魅力。

首先，从不同的地域文化看。在历史发展中，吴文化主要受周文化的影响。太伯、仲雍来到吴地，带来了中原地区的先进生产技术和先进文化，使吴人耳目一新。东汉桓帝时的吴郡太守糜豹在《泰伯墓碑记》中肯定了中原文化对吴文化的影响："数年之间，人民殷富，教化大治，东南礼乐实始基焉。"而当时的越文化，同吴文化相比相对保守。《吕氏春秋·遇合》载："客有以吹籁见越王者，羽、角、宫、徵、商不谬，越王不善，为野音，而反善之。"《越绝书》（卷八）记载："勾践迁都琅琊后孔子曾往谒见，为述五帝三王之道，勾践以俗异为由辞谢之。"说明越国更注重本土文化和越地土著特色，因而导致越文化与吴文化在历史演变中的差别。

其次，从不同的生存环境看。吴地处在太湖流域的平原上，农业生产比较发达，水陆交通便捷，商品流通便利，社会生活相对稳定，是典型的江南鱼米之乡。而越地临海滨江，山多平地少，俗称"七山二水一分田"，虽有林、牧、渔、副多种经营，但与吴地相比，其生活空间相对狭隘和闭塞。由于地理环境的差异，吴文化的内涵多一些典雅、精巧和柔美，越文化多一些通俗、朴野和阳刚。吴人虽精明，却安于守成；越人虽朴野，却敢于冒险。进而对吴越经济发展模式也产生了不同的影响。

再次，从具体的文化表现形式看。先秦时期，吴、越文化即存在极大不同，"不仅表现在陶器、青铜器等物质文化方面，还反映在生活服饰、宗教信仰与某些思想倾向等风俗文化与精神文化方面"。吴人戴冠，越人则披发无冠；吴人信仰鱼，越人则以鸟为图腾；吴、越两地的巫教使命相反，"越地巫教带有更原始的宗教色彩，而吴地巫教带有一定的人性成分"。对于来自中原的礼乐文化，吴人全盘接受，越人则极力保护本土文化。而自汉以降，吴、越文化的不同则更多体现在风俗民情与士风文风等方面，"在吴地，多见'浮华''浅薄''繁华'……在越地，则多见'文雅''务尚''敦朴'"等。

最后，从历史上吴、越两国的相互争霸看，吴、越两国以及周围列国为争霸一方，相互为敌，战事不断。先是吴国战胜越国，再是越国灭掉吴国，后楚国灭掉越国、秦国灭掉楚国。在漫长的战乱和争斗中，吴、越文化与长江中游的荆楚文化、长江上游的巴蜀文化、黄河流域的华夏文化既交相辉映、相互渗透、多元交融，又相互转化、变换、释放各自的文化能量。

二、吴越文化的特质

（一）吴文化的特质

吴文化是江南文化的中心和代表。吴文化区域食有稻鱼菱藕，居有枕河人家，行有小桥舟楫。绕水而筑的城镇、龙舟竞渡的习俗以及"重情""善思"的民风，无不显示着水的浸润和滋养，进而构成了吴文化清新柔美、睿智灵秀、崇文重商、兼收创新的特色。

首先，吴文化是一种成熟、典型且复杂多元的农业文化。据考古学家和历史文献学家的考察，早在距今约 7000 年前，吴地就已经诞生了以水稻种植为主的农业文化。如吴中区草鞋山遗址发现的稻谷，可知吴地同黄河流域一样，都是中国古代农业文明的摇篮。南宋时期，流传甚广的"苏湖熟，天下足"（根据陆游《常州奔牛闸记》一诗中的"苏常熟，天下足"来看，应为吴地核心区域的苏州和常州，并非越地的湖州），是对吴地以水稻种植为主的农耕文化的最好阐释。宋代水利学家郏亶说过："天下之利，莫大于水田，水田之美，无过于苏州。"太湖流域地势平坦，土地肥沃，河流遍布。宋高宗至宋孝宗时期，兴修太湖地区水利，加上此地农业生产技术先进，农民深耕细作，"耕无废圩，刈无遗垄"，使苏州一带成为南宋最发达的农耕地区。陆游在《常州奔牛闸记》中说："方朝廷在故都时，实仰东南财赋，而吴中尤为东南根柢，谚曰'苏常熟，天下足'！"另外，宋代时，吴地已成为蚕桑业中心，以太湖流域为中心的两浙路上贡的丝织品和租税占全国总数的四分之一。明清时，苏州与江宁（今南京）、杭州并列为我国丝绸生产的三大中心，苏州被誉为"丝绸之府"。凡此种种，都证明了吴文化是典型的"饭稻羹鱼"的农业文化。

此外，江南农业文化基于与北方旱作生产方式完全不同的水文化，以及渔猎业、种植业在江南地区的重要地位，决定了江南农业在结构上具有复杂多元的特点。吴文化因水而生，水是吴文化的灵魂，这与吴地的自然地理条件密切相关："吴地地处东海之滨、长江南岸和太湖流域，境内四季分明，降水丰沛，河流湖泊纵横密布，为典型的江南水乡地区。""百流众渎，曲折萦绕"，称"水乡泽国"，先民以渔猎为生，视鱼为通灵之物，以"鱼"为图腾。尤其是地处吴文化核心区域的太湖，烟波浩渺的自然地理景观不仅为吴地文化发展提供了基本的物质条件，而且，独特的水文化孕育了吴地柔弱娇媚的精神特征，为此，有学者认为"太湖就是吴文化的一个象征"，"吴文化是一种介于大陆文化和海洋文化之间的文化……吴文化的本质特征和内在精神少了农耕文明墨守成规、循规蹈矩的属性，而多了渔猎文化的自由灵活、奔放活动的特征，同时，又沾染了一些海洋文化那种极具冒险和挑战的精神"。

其次，吴文化的精神经历了一个由"尚武"向"崇文"的巨大转变。据学者考察，春秋时期吴国存在浓重的血族复仇观念，"父母之仇不与戴天履地，兄弟之仇不与同域接壤，朋友之仇不与邻乡共里"（《吴越春秋王僚使公子光传》），这种观念铸成当时吴国普遍信奉崇尚武力的行为规范。另据《汉书·地理志下》记载：吴（越）之君皆好勇，故其民至今好用剑，轻死易发。这和被作为吴文化发源重要标志事件的"太伯奔吴"中记载的"文身断发"的土风民俗是一致的。正如《左传·哀公七年》记载："太伯端委以治周礼，仲雍嗣之，断发文身，裸以为饰，岂礼也哉？有由然也。"究竟江南文化从什么时候实现了从尚武到崇文的转变，学界普遍认为，永嘉之乱北方士人大量南渡，逐渐改变了吴越地区的尚武特点。从东晋、南朝开始，历经隋、唐至宋，吴地终于化尚武为崇文。据统计，明清两朝，江苏的进士约有6000人，其中吴地约为4700人，占总数的78.3%。明代89位状元中，吴地就有16位，占总数的18%；清代114位状元中（又说为112位），吴地则有44位（又说为25位），占全国总数的38.6%。

再次，吴文化的价值观念体现出强烈的重商言利、注重感官享受的特征。吴地的文化更多地表现出对商贾的宽容和推崇，没有"君子言义，小人言利"之分，为儒为商都引以为荣，商儒结合在吴文化中表现得十分突出。汉代的吴地不仅是铜镜制造业中心，还是铸造业中心之一。六朝以后，吴地工商业更是取得了突破性进展，瓷器业、造船业、丝织业成为标志性的行业。宋代以降，"天下赋税，江南居十九""茧税鱼盐，衣食半天下"，吴地的物质财富由此可见一斑。明清之际，在苏州丝织业中还出现了资本主义萌芽。清代苏州人王维德在其笔记中写道："子弟弱冠，而不能业儒，即付以小本经营，便知物力艰难。迨其谙练习熟，然后付托亲朋，率之商贩，则子弟迫于饥寒者鲜也。"这种工商文化的特性还体现在吴地注重感官享受和物质消费上，饮食服饰以食不厌精、奢华无度的风格著名，所以古人有"肆筵设席，吴下向来丰盛"之说。与北方文化比较起来，吴地的奢侈之风尤其突出，这固然与吴地经济富庶、商贾遍地的现实相关，同时也是吴文化价值观念的感性显现。

最后，吴文化是一种兼容并蓄、开放创新的文化。立足于太湖地区的吴文化，虽然呈现出独特的地区文化色彩，但同时也是不断吸收外来文化才发展起来的。一方水土涵养一方人文，濒海环湖、立山横江的"山水形胜"，造就了吴文化创造者的人文品格与文化精神，注定了面朝大海的开放胸怀、兼收并取的宽容态度和善于取长补短的变革创新精神，构成了吴文化的开放性特色。这里原先是一片荒蛮之地，自太伯、仲雍东奔"文身断发""化而长之"以来，本地的土著文化与当时颇为先进的中原文化融合，为古吴文化奠定了基础。吴国建立后，又吸收了以孙武为代表的齐文化、以伍子胥为代表的楚文化，使吴文化在吸收外地、外质文化过程中，经过扬弃，得到了丰富和发展。齐梁年间的文化大融合推动了经济文化的全面发展。明清以来，特别是近代，地处沿海的吴地"师夷之长技"，在学习西方先进文明方面又得风气之先，使吴文化的开放精神更加突出。

（二）越文化的特质

越与吴密不可分，但吴越既为二土，二者之间必然会有重要差异。

首先，越文化具有鲜明的海洋文明特征。越文化的海洋文化特征，最早可从大禹治水的神话开始。在中国文化中，大禹是和滔天洪水联系在一起的，无论是颂扬大禹的坚韧不拔、聪明睿智，抑或是无私奉献，有一点毋庸置疑，即这个神话故事首先是一个关于水的文化，其中浸透了中华民族对水的浓重情结。在考古学和历史学意义上，越先民在应对三次海侵的过程中，逐渐掌握了漂海技术，他们利用简单的独木舟或木筏漂洋过海，足迹遍及我国澎湖、台湾等地，以及日本、中南半岛、南洋群岛和其他环太平洋岛屿，撒下了越文化的种子，这一点已经为现代遗传学家的DNA分析所证实，如中日学者普遍认为"日本的稻作文化来源于中国长江下游即吴越地区"。在日本弥生文化中时代（相当于中国战国至西汉初这一阶段），大量吴越人为躲避战祸而从海路弃家出逃，他们把吴越的稻作文化带到了日本，使日本的稻作技术有了突飞猛进的发展。此外，越地造船业在当时中国区域文化中占据首屈一指的地位，也从一个侧面证明了越文化与海洋文化的密切关系。

其次，越文化体现了刚毅坚韧和冒险进取的精神。任何一个民族都有积极进取的精神，但就中国而言，越文化的刚毅坚韧、冒险进取精神更为明显和突出。越地民风崇尚野性，据《越绝书·记地传》记载："夫越性脆而愚，水行而山处，以船为车，以楫为马，往若飘风，去则难从，锐兵任死，越之常性也。"普通民众如此，一国之君更是把这种顽强刚毅的野性推向了极致。越国战败后，越王勾践不得不亲自去侍奉吴王夫差，其间受尽吴王凌辱，但他忍辱负重，终于如愿以偿地回到越国。回国以后，他与百姓同甘共苦，亲自下地耕田，发愤图强，经过了长达20多年的艰苦努力和准备，终于一举灭掉吴国，并使越国成为春秋时期的霸主之一。

有人这样评价："由勾践所代表的这样一种坚忍顽强、报仇雪耻的抗争精神，可以说是构成了越文化的又一精神原型。在某种意义上，也可以说是越人在经过三次海侵，由河姆渡文化退居会稽山上刀耕火种3000余年存活下来的民族精神的一种历史积淀。而且越是面对险恶的环境，这一精神越是鲜明突出。"

最后，越文化具有个性超拔和富有灵性的特质。越文化在彰显气节的同时也不乏"灵变谋略"，最能彰显这一特点的是其文化艺术。越地山清水秀，面向大海的壮阔自然地理环境，深深浸染了这个区域的民族文化艺术。正如高利华在《越文化孕育的自然环境及其文化特色》中所说："越地是我国山水文化的策源地。中国山水诗形成于六朝，山水诗派的创始人谢灵运，其诗的兴感多得力于会稽、永嘉的山水；现存最早的山水赋是玄言诗人孙绰的《游天台山赋》，也刻画了越地山水的灵气；山水散文小品创立人吴均和'吴均体'均以越地山水为表现对象，风格清新秀丽；东晋画家顾恺之在描述会稽山川之美时，以'千岩竞秀，万壑争流，草木蒙笼其上，若云兴霞蔚'来作形容，可见越地山川在艺术家眼中的审美。山水与越地艺术结下不解之缘，这个趋势一直保持至今，充分显示了越文化的个性。这种个性很大程度上是山水相依的自然特性，一种水的灵性。它们还渗透到越地文人的性灵创作方面，性灵正意味着人的自然性，即性情的自然，主性灵。崇尚自然的传统在越地源远流长，从嵇康到东晋玄言诗，越文化中的性灵取向已经得到彰显，其后逐渐成为艺术文化的一大特色。"

(三)吴越文化的特质

虽然"吴越文化"在特定的时间、地点是"族"文化的概念,在江苏被称为"吴文化",在浙江被称为"越文化",在江西则两者兼而有之,但二者在文化特点与本质方面大同小异,于是后来出现了"吴越文化"的称谓,意指主要活动在太湖及宁绍平原、以吴越(于越)民族为主体的一种青铜时代的地方文化。谭其骧先生认为,句吴和于越是"一族两国"。《越绝书》两次提到"吴越二邦,同气共俗""吴越为邻,同俗并土"。《吴越春秋·夫差内传》载:"吴与越,同音共律,上合星宿,下共一理。"《吕氏春秋·知化》则说:"夫吴之与越也,接土邻境,壤交通属,习俗同,言语通。"事实上,都是把吴、越文化相提并论。从考古学资料来看,吴、越文化不但在江浙是大同的,即使在东南数省,自西周以降,其主体方面也是一致的。

几十年来,学术界对吴越文化的特征从不同角度进行了研究。

赵欣从物质层面和非物质层面两方面,对吴越文化的显性特征进行了归纳概括。首先,在吴越文化的物质层面,其主要特征表现在:1. 以种植水稻著称,是中国乃至亚洲的水稻重要发源地之一,是稻作文化的中心地域。2. 吴越地区是世界上养蚕缫丝业的发源地。3. 普遍使用几何印纹陶器、原始青瓷和有段石锛等。4. 青铜冶炼有着深厚的基础,尤其是青铜宝剑的铸造技艺极为精湛。5. 善于使楫驾舟,造船业发达。当时越国在造船方面已有相当基础,有造船基地,能造楼船、戈船、翼船等各种类型的舟船。造船业的发展,拓展了航海活动领域,从近海交通扩大到远洋交通,从军用扩大到海上运输、海外贸易，发展了同邻近地区的往来。6.习于"巢居"，住干栏式房屋。7.饮食上，除了以稻米为主食外，还喜食鱼、龟鳖、蛤、螺、蚌等水生食品。

其次，在吴越文化的语言文字、宗教信仰、风俗习惯等非物质层面，其主要特征表现在：1.语言的独特性，越族语言是黏着语，一字数音，不同于现代汉语普通话的孤立语，一字一音。总体上看，吴越地区以吴语为共同地方语。2.文字上虽与古代中原人使用的篆书一样，但在每字之旁附加鸟形纹饰，称"鸟篆"。3.普遍存在蛇图腾、鸟图腾崇拜。吴越文化中的鸟图腾从侧面说明了其文明具有"萨满主义"的文化基质。其鸟虫书的文字，也与其对鸟和蛇的图腾崇拜有密切关系。宋人田锡曾说："江南岁多不稔，农鲜服勤，信卜筮而佞鬼神，弃耕桑而从网罟，是以民无土著，家无积储。"这说明吴越文化中存在佞神的倾向，宗教祭祀过频过重，以至于误了稼穑农耕。4.流行断发文身习俗。断发即剪短发，不束发加冠，明显不同于中原商人、周人束发加冠的装束习惯；文身即在皮肤上用墨刺出各种永久性图案。5.未发现重男轻女现象。吴越文化可贵的一面是男女平等。勾践返国后，范蠡声言"同男妇之功"。勾践奖励生育，"生男给犬，生女给豚"。女性也同男性一样习武弄剑，表现出吴越文化对女性社会角色的认可与重视。6.吴越文化有轻死易发的民风，缺少对生命的敬畏和对百姓的仁爱。勾践的三百死士，受辱即殉道，殉葬墓的长期存在，乃至勾践的卧薪尝胆都从侧面反映了吴越文化中这种轻死重义的情结。

龚瑜从精神层面，对吴越文化的隐性特征进行了梳理。笔者认为，这些特征更符合本书所要谈及的吴越文化"特质"，其主要内容如下：

一是崇德尚善、义利兼顾的价值理念。3000多年前，周太伯审时度势、顾全大局，主动携弟仲雍托采药之名，千里迢迢历经艰难，远走当时尚为荆蛮的吴地，三让王位于其弟季历，成全了父亲的心愿可谓"孝"，保住了部落的安宁可谓"德"。纵观五千年的中国历史，武力相残几乎是权力更迭的唯一方式，而太伯却选择了这样一种备受后人称颂的方式，为吴越文化自开创之日起就打下了崇德尚善的烙印。在随后漫长的发展中，不论是早期的季札、阖闾，还是于谦、范仲淹、李纲、顾炎武，吴地一代又一代道德楷模都昭示着这里崇德尚善的价值取向，极大地丰富了吴越文化的精神内涵。明清时期，伴随着资本主义萌芽的到来，工商文化逐渐成为吴越文化的重要特征。在尚德传统的影响下，吴地的工商文化在求利之外，还多了一份道义，形成了自身"义利兼顾"的鲜明价值特征。纵观吴地的工商实业家，普遍具有儒商的特点，他们在乱世中都极善经营，在获取丰厚利益之后，又能够扶困济贫，通过造桥铺路、兴办水利、投资教育来回报当地和社会。重商的同时又守德，形成了吴地工商文化独特的经营理念和价值取向。

二是智慧灵动、刚柔并济的水文化。吴越多水，由于地处长江下游，濒临太湖，湖河交融，有着丰富的水资源，同时地势低洼起伏，水网密布，水系极其发达。吴越文化以水为起点，以水为灵魂，在几千年的发展中，水是吴越人赖以生存的环境和条件，多水的自然环境赋予了吴越人"秀外慧中"的人文秉性和"刚柔并济"的人格精神。古语"仁者乐山，智者乐水"，相较于中原地区以山地和平原为基础形成的仁厚质朴、稳定凝重的格局，吴越地区在生活形态和文化取向中则多了一份灵动智慧、机敏通达的精神。水文化与吴越人之间的内在关联是这一地域和民众禀赋的源泉。吴越的山水和文化孕育出的人才类型多为智者、学士、艺术家，在文化、科技、教育、艺术等领域可谓优势突出、人才辈出。历史上，苏杭两地乃至宁镇，文人才子可以群计，当代中国文化艺术领域中也不乏钱锺书、徐悲鸿、吴冠中、钱穆等泰斗级人物。以智慧灵动见长、外柔内刚的特征已成为古往今来吴越才子的共性，这种人文气质与吴越的水有着密切的联系，深刻地显示着"智者"与"水"的关系。

三是包容吸纳、博采众长的开放意识。事实上，吴越文化的起源就是太伯奔吴造就的中原文明和江南本土文化的结合，因此吴越文化从一开始就不是封闭保守的文化，而是接纳异质文化的先驱。吴越文化从诞生之日起就镌刻着开放与包容的印记，这为后来吴越文化善于吸纳其他文化的性格奠定了基础。在吴越古国存在的3000多年历史中，其文化始终具有非封闭性的特点，十分重视对先进文化的欣赏和学习，博采众长、积极吸纳融合各种文化因子，不断扬弃发展，使得自身的文化元素不断充实，文化内涵不断丰富提升。另外，前面提及的"水文化"也是促成吴越文化包容性的重要因素。水灵动多变、随物赋形、流淌不息，为吴越文化注入了难能可贵的开放活力和通达气度。吴越很早就有发达的造船业，大大拓展了人们可活动的范围，这也赋予了吴越人更为开阔的视野和胸襟，加速了吴越和中原地区的经济往来与文化交流，使吴越之地逐渐成为经济文化的繁荣地带。

四是务实进取、争先创新的开拓精神。自古以来，吴越文人有着崇尚实学、经世致用的思想取向，吴越百姓也有着勤劳务实、不懈进取的生活态度，这为吴越的发展带来了生生不息的动力。吴越人务实创新的精神，造就了近代以来影响深远的两次经济大飞跃：一次是近代工商业的诞生和崛起，另一次是20世纪80年代的改革开放。这两次飞跃是当时中国的历史背景和吴越独特的文化优势叠加产生的历史必然，也奠定了吴越地区在全国举足轻重的地位。务实不仅是吴越过去快速发展的经验总结，也将成为吴越人继承和发扬的优秀文化素质。吴越文化作为一个开放性的文化系统，不断进取、勇于创新的特质是促使其不断超越自我的内在动因，也将推动吴越文化在时代演进中不断更新和发展。

表 1-1　长江文化体系中不同亚文化个性比较

一级	个性	二级	个性	三级	个性
长江文化	崇德重义 明理重学 自强不息 革故鼎新 开放融合 团结和合	巴蜀文化	隐忍与强悍	蜀文化	隐忍细腻
				巴文化	强悍进取
		荆楚文化	自强与开放	湖北文化	开放谨慎
				湖南文化	自强创新
		吴越文化	崇德与明理	吴文化	外柔内刚
				越文化	精明内敛
				海派文化	务实灵动

第三节
吴越文化区的范围

作为一个文化地理学概念，文化区又称文化区域、文化地域或文化圈，最早由 19 世纪末 20 世纪初的文化人类学家提出，是指一个具有连续空间范围、相对一致的自然环境特征、相同或近似的历史过程、具有某种亲缘关系的民族传统和人口作用过程以及一定共性文化景观构成的地理区域，目的是用来区分和研究不同地区的文化差异。周振鹤教授认为："文化区的划分往往是文化地理研究的归宿，但划分文化区又是相当困难的工作。"这是因为，文化区不同于行政区，它的边界比较模糊，其文化发生影响的地理范围只能大致按地缘相邻、民族相近、民俗相似等显性因素以"文化带"来大致推定。如果说行政区的边界是一条线，那么文化区的边界就是一条带。在一个大文化区内，往往有中心区与亚区的区别。中心区的文化面貌比较典型，是该文化的代表。亚区的文化不典型，往往兼有其他邻区的文化色彩。中心区会随历史因素的变化而变迁。如西周时期，吴文化的中心在宁镇；到春秋时期，吴文化的中心由宁镇逐渐扩大到太湖地区；汉代以后至今的2000多年间，吴越文化的中心区一直在吴会平原；鸦片战争以后，吴越文化的精英向上海聚集，上海成为吴越文化的中心点，并向西作扇形辐射。

1992年，王会昌提出中国文化地理分区方案，他按照中国文化特征将全国分为两大区，即东部农业文化区和西部游牧文化区，其中东部农业文化区进一步细分为2个不同的文化亚区和12个文化副区，西部游牧文化区细分为2个文化亚区和3个文化副区。

1996年，吴必虎参考相关标准，沿胡焕庸线将全国划分为东南部农业文化区和西北部牧业文化区两个文化大区，下面又进一步细分为若干文化区、文化亚区和文化核区。

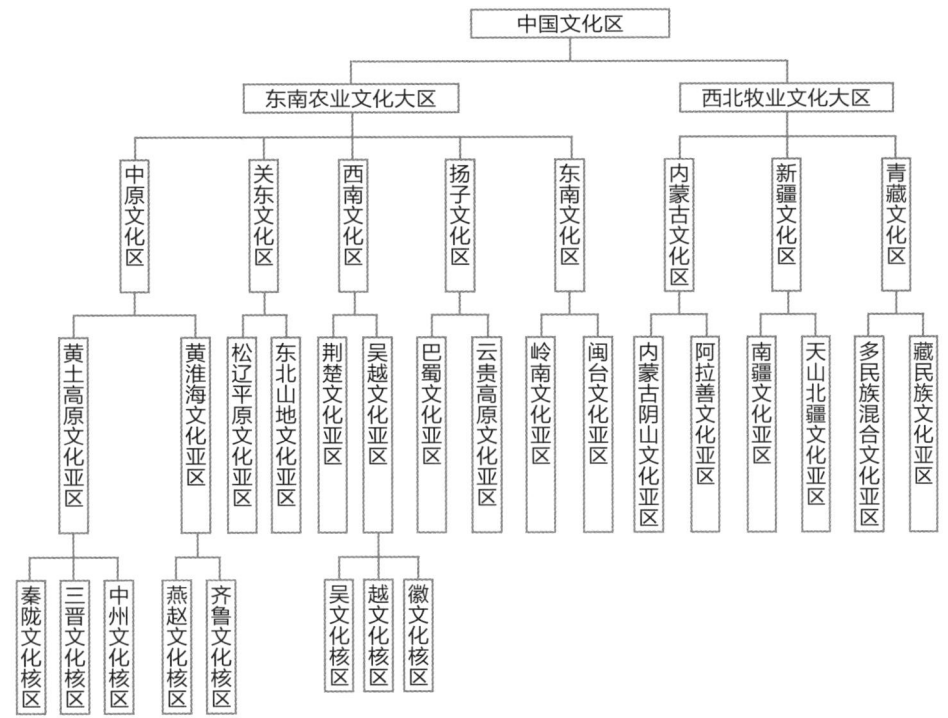

图 1-1　中国各文化区、亚区及核区的系统关系（吴必虎，1996）

从王会昌和吴必虎的分区方案看，二者对吴越文化区的划分范围基本吻合，总体上由吴文化区、越文化区和徽文化区三大部分（核区）构成，其范围大体对应现在的苏南、上海、浙江大部、皖南和赣东北地区。

其中，吴文化区的覆盖地区包括苏南的苏州、无锡、常州、镇江、南京诸市，上海市及浙西的杭州（大部分）、嘉兴、湖州、德清、临安、余杭等市（一般而言，浙江以钱塘江为界划为东、西两地，江之东称"浙东"，江之西称"浙西"，史称"两浙"。以绍兴为中心的"浙东"属"越文化"范畴，而处于"浙西"的杭嘉湖地区则属"吴文化"范畴）；越文化区的覆盖地区包括除浙北、浙东南丽水、温州二地市之外的浙江其他地区（如宁绍地区的闽越文化，包括苍山以南的瓯越文化）、皖南的徽州；徽文化区的覆盖地区包括皖南地区、江西婺源以及婺源与景德镇的交界地带。

中国传统村落文化抢救与研究

文化区系列

Chinese Traditional Villages

第二章

吴越传统村落景观特征及形成原因

吴越地区多属丘陵地带，多山、富水、密林，气候温润，雨量充沛，物产丰饶，是人们向往的居住之地。"水乡泽国"的地理特征，造就了柔和、细腻、文雅的吴越文化。吴越文化囊括了太湖地区的吴文化、宁绍地区的越文化、皖南地区的徽文化以及浙南地区的瓯越文化等。[①] 作为反映该文化的重要载体——传统村落，在吴越分布较多。传统村落，又称古村落，是指形成年代较早，拥有较丰富的文化和自然资源，具有较高的历史、文化、科学、艺术、经济、社会等价值，应予以保护的村落。长期以来，传统村落不仅是吴越地区的人们生产、生活的重要场所，而且经过岁月的洗礼和历史的积淀，它们承载了越来越多的功能，蕴藏着丰富的物质文化景观和非物质文化景观，是吴越农耕文明留下的最大遗产。

第一节
吴越传统村落的景观特征

　　神秀江河的自然美景、稻桑渔猎的耕读文化、人与景的天人合一，耕读传家的宗族田园，形成了吴越地区独特的景观特征。

---

① 董楚平.吴越文化概述[J].杭州师范学院学报，2000（2）：10-13.

一、自然美景，山水神秀

吴越地处长江下游，河流纵横，湖泊棋布，溪流汇入江河湖泊，形成唯美秀丽的江南水乡。依托长江三角洲与杭州湾沿岸，北临长江天堑，西望鄱阳湖平原，南接雁荡山，东濒苍茫大海。以号称"三万六千顷，周围八百里"的太湖为中心，连接长江、钱塘江、淮河、瓯江、曹娥江、灵江、飞云江、苕溪、甬江、鳌江、沂沭河等十一大水系以及不计其数的支流。[①] 吴越地区多矮山，如花果山、观音山、北固山、金山、茅山、天台山、大盘山等，这些都是吴越文化的载体。

"山水共长天一色""小桥、流水、人家"的水乡风貌，是吴越地区独树一帜的景观。水是山的镜子，山是水的屏障，传统村落是这幅山水画的点睛之笔，山活了，水动了，灵动的水乡美景犹如遗留在人间的仙境。如江苏太湖西山岛南端的明月湾村，三面环山一面靠湖，重建于明清时期的古建筑终年掩映在葱绿苍翠之中，清代诗人凌如焕称明月湾村："水抱青山山抱花，花光深处有人家。"山水秀丽、世外桃源般的环境吸引着历代士人、富商迁居于此，传承着吴越独有的水文化、宗族文化、建筑文化、民俗文化，使吴越文化在中国地域文化版图上大放异彩。

---

① 张荷.吴越文化[M].沈阳：辽宁教育出版社，1991.

二、小桥流水，稻桑渔猎

"逐水草而居""依山傍水"是人类理想的居住环境。吴越地区因水而生，依水而兴，随水而长。"小桥流水人家"正是吴越地区的真实写照。

明徐渭在《半禅庵记》中记载："由吴达越，必经钱塘，江心之际，吴越分矣！"吴越文化滨海临江，河湖众多。以太湖、钱塘江为中心的河湖水系纵横交错，互相连通，形成了吴越独有的"水乡泽国"的地理特征，同时孕育了吴越人灵动、柔美的气质。水网密布的自然环境中，人们创造了桥这种艺术品。枕河人家，水巷小桥，朴素平实的美景，宛如陶渊明笔下的"桃花源"，令人神往。东方水城——苏州现存293座桥，五湖之厅、六泽之冲的甪直镇现存72座宋元明清时期古桥，被称为"中国古桥博物馆"。吴越地区小桥流水人家的意境，为我们呈现了水与桥的和谐以及人与自然的和谐。

吴越之地是"鱼米之乡"和"丝绸之乡"，千百年来，吴越人基本从事渔猎和稻作、蚕桑的生产。河网密布的水文化塑造了吴越人细腻的性格，创造了灿烂的渔猎文化。吴越的渔猎可追溯到史前，首开人类养鱼的先河。《尚书·禹贡》有记载，吴越贡赋是"淮夷虫宾、珠暨鱼"，虫宾就是蚌。在西周吴越土墩墓中，罐装鱼肉的陪葬比较普遍。吴越之地仅太湖就"三万六千顷，周围八百里"，目前已知鱼类品种有161种，是吴越地区主要的淡水渔猎场所。吴越滨海临江，出海捕鱼也是农事生产的重要部分。据调查，浙江象山海面已知的水产生物包括120多种鱼类、30多种虾类、近50种蟹类、60多种贝类、40多种藻类，与内河鱼类一起利用起来，吴越渔文化辐射出来的将是更加灿烂的光辉。①

吴越之地是我国稻作起源的中心，水稻文明构成了吴越人民的生命线。据考古发掘，吴越发现距今4000—7000年的稻作遗址有四五十处②，杭嘉湖平原、宁绍平原皆有"谷仓"之称。"苏湖熟，天下足"的豪言壮语正是吴越水稻文明的贡献。③现今被列为全球重要农业文化遗产项目的浙江"青田稻鱼共生系统"更是吴越水稻文明遗留下来的宝贵财富。稻作产业兴盛之余，吴越人开始种植经济作物。乾隆《湖州府志》卷二十九中有"寸土之堤，必树之桑""富者田连阡陌，桑麻万顷"的描述。桑蚕的发展使苏、杭、嘉、湖成为著名的丝织中心。④南京云锦、苏州宋锦是闻名遐迩的中国农耕丝织品牌。

三、聚族而居，古建林立

《尔雅·释亲》记载："父之党为宗族。"汉人聚族而居的风俗在魏晋南北朝已达全盛。吴越文化在经历永嘉之乱、安史之乱、靖康之难后得到迅速发展。随着经济重心南移，宗族聚居的风气南方已强于北方。吕思勉先生说道："聚居之风，古代北盛于南，近世南盛于北。"⑤受自然地理、人文环境的影响，单姓村落和多姓村落混合而聚。宗族聚居的村落为实现宗族延续和发展，在村落兴建牌坊、

---

①③ 张荷.吴越文化[M].沈阳：辽宁教育出版社，1991.
② 董楚平，金永平.中华文化通志·吴越文化志[M].上海：上海人民出版社，1998.
④ 蒋兆成.论明清杭嘉湖地区蚕桑丝织业的重要地位[J].杭州大学学报（哲学社会科学版），1988（4）：11-25.
⑤ 李艳旗.湘南地区单一姓氏聚居传统村落建筑布局研究[D].长沙：湖南大学，2010.

宗庙、祠堂和书院。

　　受宗族礼法的影响，血缘派生的村落空间布局整体上协调统一。"君子营建宫室，宗庙为先，诚以祖宗发源之地，支派皆源于兹。"①宗族祠堂或宗族首领（族长）的位置一般为村落的中心，在村外建总祠即始祖祠，便于进行大型宗族活动。村中长老居最上层，统管全村，下面分出若干支系。多数以村东为长房，村西为次房……尊卑有序。大多数村落一村一祠堂甚至多祠堂，保留了中国古代建筑的精华。浙江武义郭洞村至今保存了明清古建筑20多栋，特别是始建于明万历三十七年（1609）的何氏祠堂，以及始建于明天启、崇祯年间的30多间民居。除此之外，还有节孝牌坊、文昌阁、凤池书院、海麟院、鳌峰塔等古代建筑。②

　　吴越地区宗族林立，受家族观念影响，村落民居呈网状格局，巷道纵向贯通、横向联通，民居秩序感强。吴越传统村落以血缘为纽带，形成强大的宗族凝聚力，是印证中国宗法社会的有力证据，有利于传统村落的保存和发展。

四、阴阳风水，天人合一

　　中国风水学贯穿中华上下五千年，具有深厚的文化底蕴。"天人合一""道法自然"是吴越人追求人与自然和谐的生态理念，阴阳五行、阴阳八卦思想成为主导传统村落建设的精神思想。晋代郭璞

---

① 林牧.阳宅会心集：卷上，宗祠说[M].清嘉庆十六年刊本.
② 韩霞.中国古村落[M].北京：中国商业出版社，2015.

的《葬经》提道："风水之法，得水为上，藏风次之。"因为吴越地区是理想的生活之地，所以人们多在此堪舆选址。

"师法自然，择势而居。"吴越传统村落往往通过立意，结合自然条件确定主题，以阴阳八卦为指导，规划理想居住环境。[①] 浙江省温州市永嘉县岩头镇的苍坡村，将兴文运的理念和风水四象相结合，规划出"文房四宝"的村落形态，将村东南的东湖、西湖拟作砚池，西砚池的北边放置"墨锭"：其中一条"墨锭"已被砍去端头，寓意已研磨过，村内读书传统早已成型；未研磨的石条"墨锭"摆于砚池边，望后人发奋读书。用青砖、鹅卵石和条石铺砌一条东西向的"笔街"，笔街西头正对三峰并立的"笔架山"。而整个村子地形平坦，方方正正，恰似一张宣纸。纸、墨、笔、砚"文房四宝"的格局寓意苍坡村要出人才、行大运，是永嘉县传统村落规划中追求文运、子孙昌荣、光耀门楣的代表。[②] 位于浙江省兰溪市的诸葛村，结合山形地貌，塑造一个"八卦"型的村落。永嘉芙蓉村，取意"七星八斗"，寓意会试高中、光宗耀祖。

吴越人结合自然环境，施行堪舆之术，为自身创造了良好的居住环境。吴越人将村外的一山一水和一草一木都纳入到村落景观中，融生活于自然，"天人合一"理念在此落地生根。

[①] 韩霞.中国古村落[M].北京：中国商业出版社，2015.
[②] 季夏莹.浙江传统山地村落外部空间特色初探——以永嘉与兰溪县（市）为例[D].北京：中国美术学院，2013.

五、天井木宅，雕梁画栋

吴越地区湿热多雨，为避雨、防晒、纳凉，吴越先民创建了独具特色的天井木宅。这是一种主要以木头构建"三间两搭厢"的基本建筑，简称"三搭二"。建筑多为两层，正房三间，两厢各一间，两厢进深较浅，厢房的檐檩搭于正房次间的檐檩之上。有时为了增加住宅空间，也会以两个"三搭二"面对面对接，形成类似四合院的形制，称为"对合式"住宅。有时也会将两层三间连通，用作客厅，即"楼上厅"。有时也会在"三搭二"住宅前增加一个待客厅堂，形成"前厅后堂楼"。[①] 外围多采用可以遮挡院内建筑的高大外墙，墙面多开小窗或不开窗，大门也是小的随墙门。墙头覆盖呈折线或曲线的青瓦，墙面刷白灰，称为风火墙或马头墙。[②]

吴门"香山匠人"的"三刻"技艺传遍吴越大地，甚至全国各地。凝重的石雕、写意的砖雕、空灵的木雕，遍布于传统村落的宗祠、民居、古井、戏台、石碑、围墙等古建筑。特别是住宅，无论是斗、拱，还是梁、枋、檩，只要是可以雕刻的地方，都刻有不同的图案。浙江省东阳市的传统村落中，现保留100多处明清木雕，主要以动物、花草、人物、民俗风情等为题材，采用浮雕、圆雕、半圆雕、透空双面雕、锯空雕、满地雕、半雕、阴雕等技法，雕刻出精致的图案，为整座建筑增添文化内涵。

[①] 张力智.儒学影响下的浙江西部乡土建筑[D].北京：清华大学，2014.
[②] 周建明.中国传统村落——保护与发展[M].北京：中国建筑工业出版社，2014.

六、园林风景，耕读田园

吴越文化精巧、细润、俏丽的特点在传统村落的规划建设中表现得淋漓尽致。江南水乡多田园风景，吴越地区的风景园林，融民居于山水之中。受独特自然地域空间的限制，吴越人利用有限的地面空间，创造了无限的艺术空间。

吴越地区的传统村落远近皆山，景观效果远观、近看各不相同。近看，山峰引人仰视，激起人的崇敬之感；远观，山峰高耸于远方，若隐若现，构成了与崇高若即若离的空间景观美。曲折、和缓的溪流，潺潺的水声，给村落以生机与灵气。吴越地区的园林建筑参差错落、秩序统一、变化多样，呈现出很强的韵律美、和谐美。用"因借自然"的手法融建筑于山水，以亭台建筑点缀青山秀水。水枕人家，亭桥漫步，柔情的山水交融温情的民居，一幅"画中居"的泼墨图呈现眼前。

古语"燕赵尚武，吴越尚文"，道出了吴越地区"崇文尚教"的文化特质。在"重农抑商"的政策下，读书成为吴越地区的文化传统。三次移民潮中，宗族保留了原来崇儒尚教的优良传统，中原衣冠大族南迁定居之后，纷纷设义学，建书院。同时，"商贾好儒"的地方特色更是推动了吴越地方文化教育的发展。在吴越的"文化富矿"中，出现了许多引领时代潮流的思想家和文化巨匠，如范仲淹、施耐庵、曹雪芹等。在田园般的生活环境中，吴越出现了"名臣辈出"的局面，远离中原文化中心的宗族以新的文化姿态走向社会的顶层。

第二节
吴越传统村落景观形成的原因

独特的自然环境、特殊的社会背景、优良的文化氛围是吴越传统村落景观形成的主要原因。

一、自然环境

（一）地形地貌造就村落格局

吴越地区海拔较低，地形以平原为主，平原和低山丘陵相间分布，由北及南依次为苏皖平原、长江三角洲平原、江南低山丘陵。苏皖平原和长江三角洲平原土壤肥沃，便于农耕，因此村落人口较多，规模较大，村落比较集中，多呈团状或棋盘状，村落道路呈网状。平原地带地势平坦，交通便利，建筑材料多以人造砖瓦为主。而江南低山丘陵地形复杂，耕地面积少，居民将其改造为梯田，村落多依山而建，层层叠叠与梯田相邻。村落规模较小，且分布零散。由于交通不便，建筑材料多为随手可得的石头、木材等。特别是拥有丹霞地貌的老虎山地区，村民多就地取材建屋造舍。如浙江省金华市汤溪镇百丈幽谷间的岩下村，以山石造就了山坑坞。

图 2-1
漆桥村

图 2-2
金华市汤溪镇岩下村

（二）河流水文塑造村落形态

　　以太湖、钱塘江为中心的吴越地区拥有长江、钱塘江、淮河、瓯江、曹娥江、灵江、飞云江、苕溪、甬江、鳌江、沂沭河等十一大水系以及不计其数的支流。纵横的河湖水系将平原、山脉切割，村落隔河沿湖分布。同时，河湖相互贯通，水量平稳，村落大都沿河流自然展开，或呈线状，或呈网状，或呈放射状，通常建筑沿河一侧分布或夹河而建。房屋相互比邻，建筑的朝向不固定，通常与河流走向保持一致。水运在古代是十分重要的运输方式，所以沿河设有很多私家或公用的码头，河埠和沿河建筑紧密结合，河上也时常可看到连接交通的桥梁和临水游廊。在山地丘陵地区，村落布局比较分散，房屋多依山面水而建。

（三）气候植被影响建筑样式

吴越地区大部分属亚热带季风性气候，夏季降水丰沛，潮湿炎热，民居建筑普遍采用内院、敞厅、天井、通廊这样的过渡空间，既可增强风的流通又可创造出丰富的空间形态。砖雕牌坊式的门楼普遍采用屋角飞翘的瓦檐，既可以增加美感，也可以引导雨水。高大的院墙完全遮挡院内的木质建筑，可以有效阻隔火灾发生时建筑之间的"火烧连营"。四合房围成的天井，面积虽小，但通风、排水、采光条件很好。天井四周的屋檐下设置天沟，使雨水汇于明堂，即"四水归堂"。民居多采用单面坡面屋顶，并且坡面斜向院内，下雨的时候可以使雨水流向天井，此谓"肥水不流外人田"。两层木楼建筑增加了生活空间，宅内窗、外墙窗的设计既具审美趣味，也具通风、采光功能。

二、社会背景

吴越地区很早就有了人类活动,据考古发现,该地区的人类活动可追溯至 7000 多年前。河姆渡文化遗址的发掘印证了吴越拥有古老的历史文明。在 7000 多年的历史长河中,不同文化在此相互碰撞、借鉴和交融,造就了丰富的村落景观。

(一)移民融合文化,以儒立意建家园

吴越地区自古便是中国的富庶之地,得天独厚的自然环境和气候条件十分有利于农业生产。吴越地区长期处于中原政治中心的边缘,加上多山多水的特殊地形,使其远离战乱,因而成为我国古代人口南迁的主要目的地。历史上几次大的人口迁徙运动,为吴越地区的开发和发展奠定了坚实的基础,特别是永嘉之乱、安史之乱、靖康之变之后的三次大迁徙加速了南方经济的发展。永嘉南渡的部分移民是皇室贵族、官僚地主和文人学士,他们的到来极大地提高了吴越地区的政治文化水平。《全唐文》卷五百一十九梁肃《吴县令厅壁记》记载:"国家当上元之际,中夏多难,衣冠南避,寓于兹土,参编户之一。由是人俗舛杂,号为难治。""参编户之一",即当时吴县人口的三分之一是北方难民。安史之乱后,北方移民的南迁使南方人口迅速增加,甚至超过了北方,并且南方人口进一步向东南地区集中。[①]

靖康之难期间,北方的难民主要集中在江南路(今江苏、安徽

---

① 董楚平.吴越文化的三次发展机遇[J].浙江社会科学,2001(5):133-137.

二省的长江以南部分和上海市、浙江省，大体上与今天所说的"吴越"重合）。由于这里是南宋首都的所在地，又是南方经济文化最发达的地区，移民中的精英分子也多聚集于此。特别是北方的士家大族逃难定居于此，使在中原根深蒂固的宗族礼法在吴越大地生根发芽。他们在崇山峻岭和水乡泽国寻觅风水宝地，安家落户，繁衍子孙，兴建大量精美的牌坊、宗祠、书院、大屋，成为不可多得的建筑文化精品和亮丽景观。

（二）重商促进尚文，扩展村落格局样式

中国历代封建王朝施行"重农抑商"政策，但吴越地区自古以来就有"重商轻农"的思想和传统。特别是随着三次移民南迁，经济重心逐渐南移。南迁的衣冠大族本是中原的精英，迁徙吴越之后失去了原有的权势，又受困于当地贫苦的生活条件，久而久之，便铸就了他们坚毅的性格和奋发进取的精神。一方面，他们继承和发扬尚文重教的传统和奋发进取的精神，通过文化的积累，不断实现自己的理想。另一方面，他们根据自然条件发展商业，并迅速在商界占据鳌头。[1] 特别是江南丘陵孕育的龙游商帮，"汇通天下""钻天洞庭遍地龙游""无宁不成市"，无孔不入的商人以乡族关系为纽带，沿着故乡的河流走向四方，他们的足迹遍布东南沿海，甚至海外地区。

俗话说："万般皆下品，唯有读书高。"受中国传统"士农工商"四民论的影响，吴越商贾认为"富而教不可缓也，徒积资财何

---

[1] 陆林，凌善金，焦华富.徽州村落[M].合肥：安徽人民出版社，2005.

益乎"①。同时，在"积财千万，不过读书"的社会主流环境下，吴越地区的商贾在"家业隆起"之后，对振兴桑梓的教育倾注了极大的热情，毫不吝啬地广置塾学、设立义学、倡建书院。② 据清光绪《婺源县志》卷三五记载，商人孙有眦（婺源人）……弃儒就贾，赀渐饶……置租兴社课文及襄建本都书院，京师文明会，均领袖捐赀。资产丰饶的商贾虽然倾资营造屋舍，但同时受"儒术"的影响，其建筑形式、高度、颜色都有所限制，因此增加屋舍面积，以实现村落发展。吴越经济文化鼎盛的时候，才子佳人多于江鲫。优秀的人才成为吴越经济文化飞速发展的强大动力。同时，江浙小商品经济的出现催生了前店后屋、下店上宅建筑形式的出现，店连屋的形式至今仍是大多数商铺的样式。传统村落商业街中商贾形式的建筑样式是吴越地区独具特色的生活与商业相结合的代表。

三、文化因素

（一）宗族文化催生礼制建筑

吴越本是贫苦之地，并且原住居民"武劲之风"强盛，晋室南渡后当地人"渐染儒风"。三次移民潮中，南迁者不乏官宦之第、儒学世家，他们南迁以后依然保持其原有的宗族体系，聚族而居，昭穆有序，组织严密，保持宗族崇儒尚教的优良传统。生存的需要

---

① 张海鹏，王廷元. 徽商研究[M]. 合肥：安徽人民出版社，1995.
② 李琳琦. 徽州教育[M]. 合肥：安徽人民出版社，2005.

与文化的传承促使中原世家极力维护和巩固其宗法制度。因此，聚族而居、尊祖敬宗、崇尚孝道、讲究门第成为吴越地区的社会风尚。同时，受程朱理学的深刻影响，宗族宗法组织更加制度化，族谱、祠堂和祖产成为尊祖、敬宗和睦族的物质基础。[①]并且在传统村落中，贯彻宗法伦理、等级制度和长幼尊卑等理念的家族建筑结构比较明显。

（二）价值观引领崇文风尚

吴越地区自古崇文，6000多年前的草鞋山和5000多年前的良渚等地都已出现原始文字。古代经济重心南移之后，定居吴越的世家大族尚儒成风，逐渐形成了吴越独有的耕读文化。无论是宗族还是商贾，在建设宗祠家庙的同时，也注重创办私学。据统计，至宋代，在全国714所书院中，南方占687所，且大部分分布在吴越地区[②]，如江苏句容的茅山书院、浙江绍兴的稽山书院。仅苏州历史上就出过51位状元，1500多名进士。吴越这座文化矿藏中出现了许许多多引领时代潮流的思想大师和文学巨匠，古有"南方夫子"言偃，以及"扬州八怪""东林党"，今有"三钱"。吴越地区的宗族大都设有义学、义塾，一些实力雄厚的宗族更是兴建书院。尚文重教的文化传统不仅造就了吴越的耕读文化，更丰富了人们的思想，促进了社会的发展。

---

① 陆林，凌善金，焦华富.徽州村落[M].合肥：安徽人民出版社，2005.
② 吴霓.从古代私学的发展看中国文化重心南移现象[J].北京大学教育评论，2005（3）：26-31，57.

（三）阴阳风水学说促进"天人合一"

注重栖居之所，是中国传统文化的重要内容。"人之居宅，大须慎择"，古人在长期的实践生活中形成了系统的"择地"准则，如"天人合一"的整体观念，师法自然的哲学思想，崇尚和谐、趋吉避凶的人居环境观等。吴越地区多山多水，气候湿润，有"山泽多藏育，土风清且嘉"之称。晋室南渡，中原世族纷纷择吉壤良宅、风水宝地作为本族、本家的居住福地。因此，吴越传统村落的选址、营造均是依照风水说进行。特别是安徽歙县一带的徽派村落，依山傍水，以山水之势，融合人与自然，实现天人合一，保佑子孙吉祥多福。

第三章　吴越传统村落的物质文化景观

中国传统村落文化抢救与研究　文化区系列

Chinese Traditional Villages

吴越传统村落的物质文化景观丰富多彩，地域特色鲜明，归纳起来，主要表现在聚落环境、空间格局、建筑类型与样式等三个方面。

第一节
吴越传统村落的聚落环境

一、以太湖为中心

在历史变迁过程中，吴越的地域范围虽然不断变化，但是太湖作为吴越地区的中心，一直没变。以春秋战国时期的吴、越地域来看，吴越包括了长江以南的大部分省市地域，吴与越之间，以太湖为界。以五代前期的吴国、吴越国疆域而论，吴越传统村落的物质文化景观区域涵盖了安徽、江西、江苏、浙江等省，太湖仍然处于比较中心的位置。五代后期，吴越指以浙江为主体地域范围的吴越国疆域。

可见，历史上吴越以太湖为中心的地域范围相对固定。吴越传统村落的聚落环境脱不开在以太湖为中心的区域性自然环境基础上的人类生产、生活适应过程所产生的深刻而持久的影响。

二、以干栏式建筑为起源

吴越传统村落的聚落雏形和源头,可以上溯至良渚文明时期的农耕聚落。据考古发现环太湖地区发掘出了距今6000年前的大量良渚文明遗址。代表良渚文化晚期的遗址发掘情况表明,史前良渚聚落大约发展了1000年,在漫长的史前农耕文化发展过程中,该地先民日渐发展出"国家"雏形,发明了具备榫卯构件的干栏式建筑。

韩非《五蠹》记载:"上古之世,人民少而禽兽众,人民不胜禽兽虫蛇。有圣人作,构木为巢以避群害,而民悦之,使王天下,号之曰有巢氏。"《墨子·辞过》记载:"子墨子曰:古之民未知为宫

图 3-1
干栏式建筑式样发展图解

室时，就陵阜而居，穴而处，下润湿伤民，故圣王作为宫室。"《礼记·礼运》："昔者先王未有宫室，冬则居营窟，夏则居橧巢。"长江流域是"巢居"的主要发源地，河姆渡先民在远古"巢居"的基础上，发展了"悬虚构屋"的干栏式原始建筑，此后发展成为吴越地区富有特色的传统村落。

由于这一带河流、沼泽密布，地下水位较高，一般不可能采用挖洞的办法来解决居住问题。在这样的地理条件下，人们主要凭借树木构筑窝棚，这种居住方式既可以避免猛兽的侵害，也可以脱离潮湿的地面，实质上这是远古猿人"住在树上"的直系发展。

巢居的原始形态可推测为在单株大树上架巢——在分枝开阔的杈间铺设枝干茎叶，构成居住面；其上，用枝干相交构成避雨的棚架。这确实像个大鸟巢的样子，即古文献称作"橧巢"的原型。从橧巢到干栏，经过独木橧巢（在一棵树上构巢）→多木橧巢（在相邻的四棵树上架屋）→干栏式建筑（由桩、柱构成架空基座的"宫"型建筑）等发展序列。

第二节
吴越传统村落的代表性环境要素

环境要素在村落生产生活环境中的地位和作用主要体现在生产、设施和景观三个方面，因此可将村落的代表性环境要素归纳为生产性环境要素、设施性环境要素和其他环境要素。

生产性环境要素主要表现为某种生产资料，与村落的物质产出和经济来源直接相关，其中融入了村民的生产劳动和劳动成果，包含人对自然的生产改造（如农业生产）和对自然资源的再加工（如工业生产），生产场所和生产发生后的遗存都属于该要素。

根据产出物资的不同，可将生产性环境要素分为农业相关要素和手工业相关要素两类。农业是传统村落的基础产业，也是吴越地区大部分传统村落的主导产业，包含农、林、牧、副、渔等范畴；手工业则是对农业初级产品的再加工，在村落里主要表现为以家庭为单位的小作坊生产（如制瓷、造纸和酿酒作坊等），少量具有资源优势的传统村落以手工业为主导产业，如浙江省温州市苍南县福德湾村（矾矿开采和冶炼）、碗窑村（制瓷），浙江省龙泉市大窑村（制瓷）、金村（制瓷），浙江省舟山市定海区里钓山村（石材开采）等。

设施性环境要素主要表现为某种工程设施，能够为村落的发展和村民的经济社会活动提供便利或具有一定的保障作用，根据具体作用的不同可将其分为防御（防火、防匪、防盗等）、水利和交通设施等。

其他环境要素指除生产性和设施性要素之外的其他要素，具有景观作用，包含构筑物、散置建筑构件、散置生活物件和绿植等。

基于"以太湖为中心"的聚落环境特征，吴越传统村落的代表性环境要素及其构成具有多方面的特色，以下具体来谈谈其中几个鲜明的代表性特色。

一、层级分明的生产空间：圩田格局

古代先民依托太湖周边湖荡滩涂众多的地理条件，在太湖沿岸开挖塘浦，用挖出的土构筑堤岸，兼有防御外水和农田灌溉的作用。堤内的滩涂淤地自然发展成为农田，圩内通过坑塘湖荡层层调蓄防洪防涝，横塘纵浦和各斗门控制引水灌溉。除此之外，沿湖还有一定数量的骨干河道用于宣泄主流洪峰，各溇港渎浦之间由规模不一的横塘相连，便于水量调度、水系互通，这些纵横交错的灌排渠系和堤岸有利于圩内分级控制。太湖沿岸溇港渎浦分布如图 3-2 所示。

图 3-2　太湖沿岸溇港渎浦的水利设施——闸及闸的朝向示意图

层级分明的圩田格局，是太湖流域水乡城市极具特色的身份标识。太湖沿岸河湖滩地的水流被整理成层级分明、相互联通的二级水网和三级水网，即圩田之间的人工河道和圩田内部的灌溉河渠。每一个单位圩田作为水文流域单元，其内部的水位由斗门控制，形成一个排水单元，控制太湖流域来水和去水的平衡。圩田格局正是以流域中的运河和自然河道为基础，以圩田单元内外的河道、沟渠为骨干，充分利用太湖流域中间高、四周低的地貌特征，因势利导地创造出科学治水和治田的农田发展形式。

二、功能显著的水利设施：塘浦系统

太湖地区沼泽遍布，且中部低洼、四周高起，形成一个以太湖为中心的碟形洼地，这个碟形区域的最低点就是湖州的菱湖镇。由于地势低洼，集水量大，地下水位高，江南的雨季又极易内涝，所以该地域的农耕生产只能采用"水高田低"的独特模式。该地先民开挖土方、用竹木围篱，最后发展出完善的水利排灌设施，形成塘浦圩田体系。"塘"和"浦"分别是圩内横贯东西和纵穿南北的排灌沟渠。每当雨季来临，纵浦担负起宣泄雨水的功能；遇到天旱，便可引水灌溉。横塘的作用则是储蓄积水，通过斗门涵闸控制灌溉，调节水量，发挥河网水系的调蓄、行洪功能。

在耕作生产过程中，吴越劳动人民综合考虑地形地势的影响，根据水网及滩涂洼地的情况进行相应的规划布局，针对太湖周边高地和腹内洼地不同，按照不同的工程措施，实现高田和低田分治。

治低田主要通过拓宽塘浦、筑高堤岸来达到防洪防涝的目的。

一方面可以排除积水；另一方面可以取土筑堤，依靠堤岸抵御急湍之流。治高田则通过深浚塘浦，储蓄雨水，这样做是为了引水灌溉圩田。在高田区与低田区交界处设置闸口控制地面径流，雨季控制高地的径流，防止高田雨水漫流至低田，以缓解低田区的洪涝压力。旱季则依赖存储的雨水灌溉高田。

此外，由于受西北季风的影响，太湖周边的苏州、湖州等地极易出现泥沙淤积现象。为应对泥沙淤积，当地先民尝试了一系列治水策略，比如，在水闸的具体设计细节和具体位置布置上能做到顺应天时地利。闸是一项十分重要的水利设施，入湖口的闸口，用于调节河道横塘与太湖间的水位。汛期，关上闸门，太湖高水就无法侵入圩田；旱时，引太湖水浇灌田地。闸口起着防、引、蓄、排、挡、运等综合作用。每条溇港入湖口的水闸都整齐地朝向东北方向，因太湖南岸主要承受的是来自西北方向的季风，如果溇港的入湖口朝向西北方向，西北风带来的泥沙会直接堵塞溇港；而入湖口转向东北方向，西北风带来的泥沙只能沉积在溇港口岸的边上，不会对溇港造成正面的堵塞，水流可以轻松地把泥沙冲走。

为抵御水患，振兴农业，太湖流域的先民创造了圩圩相接、棋盘化布局的农田水利模式——塘浦圩田。该模式集浚河、筑堤、建闸等水利工程措施于农业耕作中，对自然河道与人工河道分别管理和利用，从而创造出"治水与治田"相结合的、富有太湖流域特色的传统治水技术，孕育了"鱼米之乡"的吴越文化。这套模式被我国已故水利界泰斗郑肇经评价为"可与'都江堰''郑国渠'媲美的独特创造"。

三、延续千年的农业文化景观：桑基鱼塘与稻鱼共生系统

（一）桑基鱼塘

桑基鱼塘是吴越地区杭嘉湖人民在水土资源利用方面创造的一种传统复合型农业生产模式。杭嘉湖平原是中国河网密度最大的地区之一，在天目山、太湖和钱塘江的包围之下，形成洼地。为了生存，人们将水网洼地挖成池塘，用挖出的泥在水塘四周堆成高基，基上种桑，塘中养鱼，桑叶用来养蚕，蚕的排泄物用以喂鱼，而鱼塘中的淤泥又可用来肥桑。通过这样循环利用，取得了"两利俱全，十倍禾稼"的经济效益。

桑基鱼塘的主要特点有：一是种桑与养蚕、养鱼相结合，生产上有紧密的联系；二是植物与动物互养，形成良性的生态循环；三是塘与基的比例为六比四（或七比三），六分为塘，四分为基，塘与基合理分布，水陆资源相结合。

桑基鱼塘系统始于春秋战国时期，距今有2500多年的历史。古代桑基鱼塘属太湖南岸的古菱湖湖群，是"湖荡棋布，河港纵横，墩岛众多"的低洼之地，每到雨季，洪涝成灾。时值春秋战国诸侯争霸，吴、越两国在此筑塘、屯田、劝农桑，修筑加固南太湖湖堤，使之连成一线，在洼地东西向开挖横塘，南北向开挖纵浦，形成"五里七里一纵浦，七里十里一横塘"的棋盘式塘浦排灌系统，确保了南太湖区水稻、桑蚕和鱼塘收获。当代留存的桑基鱼塘，以位于浙江省湖州市南浔区西部的桑基鱼塘系统为代表。湖州桑基鱼塘现存有6万亩桑地和15万亩鱼塘，是中国传统桑基鱼塘系统最集中、最大、保留最完整的区域。2018年1月10日，全球重要农业文

图 3-3 湖州桑基鱼塘系统

遗产——湖州桑基鱼塘系统揭牌仪式在浙江省湖州市南浔区和孚镇荻港村举行。2018 年 4 月 19 日，湖州桑基鱼塘系统被联合国粮食及农业组织正式认定为全球重要农业文化遗产。

（二）稻鱼共生系统

稻鱼共生系统是中国南方一种长期发展的农业生态系统，其主要特征是在水稻田中养鱼。稻谷在水面上生长，鱼在水面下生长，两者互促共生。一方面，鱼为水稻除草、除虫、翻松泥土，鱼粪还可成为肥料；另一方面，水稻为鱼提供了良好的食物来源和庇护场所。如此便形成了"稻鱼共生"的生态循环系统。

对应水网环境下的农业生产和综合利用，吴越山地的开发利用历史也非常悠久。位于浙江省丽水市青田县的"青田稻田"系统是稻鱼共生系统的一个典范。稻田养鱼始于唐宋，距今已有1200多年的历史。清光绪年间的《青田县志》记载："田鱼，有红、黑、驳数色，

图3-4 稻鱼共生的山垹梯田景观

土人在稻田及圩池中养之。"1999年，青田县的龙现村被农业部（现农业农村部）授予"中国田鱼村"称号。

四、聚落营造中的移民文化

吴越地处南北文化交流的中间地带，历史上有过多次移民大潮。其中，汉末、西晋永嘉至赵宋乃至元末这一段漫长的历史时期，有多次来自北方的移民群体和文化输入，这对吴越文化及其聚落营造所产生的影响力最大。此外，由于我国东南沿海地区的古代聚落容易遭受台风灾害，南部的福建、广东等地，也都有不少民众会北迁至吴越地区定居。

（一）血缘宗族

历史上吴越地区共有三次大规模的中原人口迁入，分别为秦汉时期黄河流域人口南迁、晋代的"永嘉南迁"以及明清时期的长江流域人口向东迁移。人口迁移为吴越地区带来了大量的财力和劳动力，使土地得到迅速开发，农业耕作迅速展开，大量村落在此落建。

吴越皖南地区多中原大族迁入，他们为坚持世家大族的宗族制度而聚族而居。"新安各姓，聚族而居，绝无杂姓掺入者。"如浙江省衢州市龙游县石佛乡三门源村就是一处宗族特征比较鲜明的传统村落。三门源村北倚千里岗山脉余脉，南接金衢盆地，村内住户基本为翁姓和叶姓，村民自北宋末年至南宋咸淳六年（1270）始迁居于此。

中国自古以来便是一个宗族制度盛行的国度。早在距今五六千年的半坡等文化遗址中，原始聚落的中心就是作为氏族首领的住处及公共活动场所的"大房子"。进入阶级社会后，社会等级制度与宗法制度又被不断地加以强化。以明嘉靖十五年（1536）礼部尚书夏言上《令臣民得祭始祖立家庙疏》为契机，原本只局限于"庙堂之上"的宗法伦理开始全面地庶民化。于是，民间宗族礼制不断加强，以血缘维系的家族凝聚力充分体现在聚落格局的礼制化，其建筑布局的朝向和空间均体现其宗族秩序。

经过长途跋涉进入吴越地区的移民，仅仅依靠个人的力量在陌生的地区进行拓殖是不可想象的，所以当时的移民往往借助于宗族或某种形式的群体力量集中进行拓殖活动。从他们在陌生的土地上落地生根的那一刻起，最为迫切的就是以血缘为纽带，重组并长时间地维系起宗族的强大势力。进入吴越的移民，往往承担着耕读传家的家族希冀或具有重商谋利的勤劳智慧。因此，宋元以后，一方面是功成名就的"学而优则仕"；另一方面是徽商、宁波帮、上海帮商人辈出，两类人群都积累了大量财富或社会影响力。他们往往有余力或财力衣锦还乡，或斥资修缮祖屋、祠堂，提携同族，这也是一大批具有强大而鲜明宗族礼制特色的传统村落得以留存至今的重要原因。如浙东绍兴市嵊州市金庭镇华堂村是晋代书法家王羲之后裔的最大聚居地，村民以王姓居多。华堂村是远近闻名的古村，村内名胜古迹众多，有别具一格的街道、明清时期的建筑、典雅朴素的宗祠，还有"十庵十祠堂"。

（二）山居传统

吴越地区的山居传统突出，和移民文化不无关联。移民进入吴越的时候，北部水乡平原已经多被开发利用，外来移民很难进入其中。所以，移民多进入吴越南部的丘陵山林，日渐形成山居避世的聚落形式。为了避世，村民大力强化村落的防御功能。这也成为吴越传统村落选址规划的重要内容。吴越传统村落中的移民往往身历险境，经历过重重的艰难险阻，他们对村落的安全防范思虑更加周全。三国时期东吴孙权为了征兵，曾强制村民下山入伍，以加强其军事力量。

吴越传统村落营建中的安全意识主要体现在对选址的严格要求上，村落大多依山近水，有险可守。此外，有的村落还在外围建立起完备的防卫工事，如寨墙、寨门、碉楼等，在村内巷路与过街楼的设计上也往往思虑周全，防患于未然。在这样的传统下，吴越地区不仅有大量的山居传统村落留存，其山居文化的传承脉络也非常鲜明，与山居文化相关的古代文献、书画、诗赋非常丰富。其中，最著名的有《山居赋》和《富春山居图》，一赋一图，相互辉映，成为浙江山居文化流传的典范。南北朝谢灵运《山居赋》记载："古巢居穴处曰岩栖，栋宇居山曰山居，在林野曰丘园，在郊郭曰城傍，四者不同，可以理推。言心也，黄屋实不殊于汾阳。即事也，山居良有异乎市廛。"谢灵运这篇赋描绘了谢家在浙江上虞始宁墅的山居生活和园林情趣，成为山水诗赋的典范，是最早描绘山居生活的古代文学作品。黄公望所绘的《富春山居图》，则是以浙江富春江畔的山居传统村落为蓝本。

千百年后的今天，以浙江莫干山为代表的民宿实践掀起了一股

"现代山居"热潮。莫干山的民宿实践更多地关注建筑与人、自然环境、地形地貌，甚至是原有文化传统的关系，为向往"山居"的人们提供了一个与自然环境和谐相处的诗意的场所和一处"现代山居"生活的场所。

（三）耕读传家

吴越传统村落的形成缘于移民的到来，伴随移民到来的还有中原先进的耕作方式，以及移民社会中固有的"耕读传家"文化传统。"地瘦栽松柏，家贫子读书"是移民子弟们身处逆境、发愤图强的真实写照，"朝为田舍郎，暮登天子堂"则是他们的梦想与前进的动力。

作为这一主流社会思想的具体体现，吴越传统村落在营建中往往被注入了丰富的"耕读传家"人文思想。人文影响之于村落，主要有两类指导思想：一是避世迁居型，内敛无为，追求一种桃花源式的情结；二是求发展型，立文峰、辟砚池，意气风发，事求有为。二者相较，后者为主流思想。这种思想，在大量的传统村落民居建筑中、细节中得到展示。从房屋的空间结构到门窗隔扇上的雕饰，从教育子弟崇德尚礼的厅堂命名、题匾、撰联、题刻到巍然高耸的文昌阁和文峰塔，无不体现出人们对诗书传家、耕读为业的生活样式的讴歌。浙江永嘉学派所在的楠溪江流域是中国传统耕读文化的典型代表区域之一，苍坡村的"文房四宝"格局是个中典范。

文房四宝是中国古代读书人必备的四件文具，苍坡村东南部的"文房四宝"村落景观基本保留了宋代格局。结合兴文运的理念，按照文房四宝的构成，把东南方水域广阔的东西水池（东湖、西湖）

拟作砚池，东砚池（东湖）南北长 147 米，东西宽 19 米；西砚池东西长 80 米，南北宽 35 米，两池之间由长 28 米、宽 16 米的水面连接。在砚池边沿用条石砌筑成砚槽。在西砚池的北面，临池处放置有几根 4.5 米长、0.5 米宽、0.3 米厚的大石条，象征墨锭，其中有一条"墨锭"的端头已被砍斜，寓示已研磨过，即村内读书传统早已形成；未研磨过的三条"墨锭"摆放在砚池边，以期后人发奋读书。西砚池的北面，用青砖、鹅卵石和条石铺砌了一条自东向西延伸的笔直的主街，长约 330 米，名为"笔街"。整个村子地势平坦，方方正正，恰似一张宣纸。至此，整个村子纸、墨、笔、砚"文房四宝"格局形成。苍坡村以"文房四宝"格局激发村民发奋读书，努力向上。村口溪门上曾有一副对联，曰："四壁青山藏虎豹，双池碧水储蛟龙。"寓示此地乃"藏龙卧虎"之地。

（四）天人合一

吴越村落的建构往往充分体现着人与自然和谐共生的宇宙观，即"天人合一"。依山傍水，因势象形，从不喧宾夺主，从不横行霸道，自然地开展每一个村落，正所谓"自然村"。贴近自然，"山以水为血脉，以草木为毛发，以烟云为神采"，仿佛村落不是人工建设的，而是从地里生长出来的。或应"天命"设太极星象村，或图"风水"设阴阳八卦村；或因此地有匪乱而建造围屋，或因此地多雨潮湿而选择干栏式建筑。吴越传统村落的建筑往往还具有"缩天之美"，其庭院、天井、台门等开放空间，体现了"天人合一"的景观思想。如宁波大墙门的"藏天之美"，绍兴台门的"测天之美"，十三间头、小天井住宅的"治人之美"，浙南长屋的"天然之美"。吴越传统村落中多有宗祠、书院,其景观细节亦反映出"天人合一"的思想。在长期的聚落营构实践过程中,人们慢慢形成了基于五行风水的一些聚落营造准则。

风水术是中国古代一种关于住宅、村镇及城市等居住环境的选址及规划设计学说,也称堪舆学。从表面上看,人们是借助风水学说对周边的环境进行解释、利用和合乎利益的改造。但从根源上讲,风水学说中有一种理想的空间布局和生活方式,对村落发展影响巨大,是人们出于"趋吉、避凶、纳福"心理而产生的对村落景观的主观见解。风水术中虽然掺杂了许多玄学成分和迷信色彩,但其本质是古代社会对地质、水文、气候、景观等自然环境因素的选择与评判,是中国传统宇宙观、自然观、环境观、审美观的一种反映。例如,风水术中有"藏风聚气"一说,用风水术语解释,即后有来龙,左青龙、右白虎,前有月牙形池塘或弯曲的水流,再前有案山、朝山等。龙穴在主山之前,山水环抱的中央被认为是最适于居住的福地。

在苍坡村,仁济庙的北面是太阴庙,西面是李氏宗祠(始建于1055年,后多次重修)。太阴庙、李氏宗祠均打破传统形制,临水面为敞廊式,设美人靠。望兄亭的寨墙一带,广植高大乔木,现存的几株古柏由宋朝苍坡寨寨主李西斋亲手种植。当时,他广泛号召村人植树,为了确保树木不被破坏,一方面要求大人教育孩子不要攀折树枝,另一方面特意订立了"凡拴牛于柏者,杀牛不赦"的禁约。爱树之风盛行村里,从而形成了苍坡村优美的乡村环境和园林景观。

苍坡村初建于五代后周显德二年(955),为李氏宗族的聚居地。苍坡李氏是唐朝皇室后裔,一世祖为避战乱,由福建长溪迁居于此。南宋淳熙五年（1178），苍坡村九世祖李嵩邀请国师李时日主持村落规划设计。李时日认为，苍坡村要出人才、行大运，就必须把兴文运的理念与风水的思想紧密结合，方可真正达到目的。李时日先对村落环境和地形大势作了基本分析，然后对照阴阳五行生克原理指出：东方属木，木无水易被火冲，且长势不盛，原来苍坡村东面有不少林木；南方属火，火无水约束易蔓延致灾；西方属金，金适于火炼，且西面的笔架山有似火焰；北方属水，而苍坡村北面并无大江深潭匹配。由此可见，苍坡村火气太重，四隅均有火灾之虞。

于是，李时日建议首先必须在村东、村南两处各开设一水池以蓄水，四周再开渠引水，形成水流环绕之势，通过水来克火；再结合安全与防卫需要，环四周构筑寨墙，设立溪门（寨门），从而达到风水上的去弊兴利。村中主要建筑有李氏大宗祠、仁济庙、水月堂、太阴庙、望兄亭及村东南的蓄水堤坝。主要水体之一的东湖是一个南北方向狭长的池塘，北有水月堂，南为兼作拦水坝的寨墙，寨墙上有一座望兄亭。东、西湖水体连接处，筑三面临水的仁济庙。该庙东面是东湖，西面是东西两湖之间的一个连接水池，南面则是连接东西两湖的一道渠水。该庙打破传统形制，临水三面都用敞廊，设美人靠，成为真正的亲水建筑。该庙是十世祖李伯钧于南宋淳熙七年（1180）辞官回乡后所建，庙里供奉的是西晋著名的"平水圣王"周凯。在农业社会里，水是农业的命脉，管水的神通常受到特别的尊崇。苍坡村的水体乃至其周边的庙堂及水神的供奉，很好地解决了五行中"火气太重"的问题。

事实上，古代留存下来的吴越传统村落建筑，多位于山区地带。这是因为一方面，位于吴越平原和沿海地区的聚落非常容易遭受自然灾害和兵火之乱，在现当代又受到城镇化的巨大冲击，因此，传统村落的物质留存非常少。另一方面，基于移民文化影响下的传统聚落往往在立基之初乃至后世传承上，多有自发的保护和重建机制，因此，相比较而言，吴越地区基于太湖水环境而衍生的大量古代村落景观非常容易消逝无寻。所幸，作为生产方式的"桑基鱼塘"，因受到地理环境所限而发展出来的聚落之本，至今得以留存。因此，我们所着眼的传统村落已经从最早关注的村落建筑遗存，开始转向非建筑的物质景观遗存，尤其是传统农业景观遗存。

陈从周先生曾经撰写文章说，江南古代园林的很多造景手法本源于传统聚落的营造智慧。他曾就水陆关系指出："水之为陆之眼，陆多之地要保水，水多之区要疏水。因水成景，复利用水以改善环境与气候。江村湖泽，荷塘菱沼，蟹簖鱼庄，水上产物，不减良田，既增收入，又可点景。"此番言论，不仅仅是他的造园理念，也是他对吴越地区的聚落景观发生机制的深邃见解。

第三节
吴越传统村落的空间格局

传统村落的空间格局包括外部的自然地形地貌、周边的水系环境和街巷空间等。传统村落总体布局的智慧反映了先人对于自然界和人类自身的认知，通过空间结构的组织体现并凝固下来，从而塑造了村落环境的特征，蕴藏了特定的文化内涵。

一、格局要素及类型

根据不同的主导环境因素，可对村落进行不同的类型划分。

按照自然地形，可将吴越传统村落分为平原村落、山地村落和滨海村落，总体上与吴越地区的北部平原、中南部山区和东部沿海丘陵相对应。按照交通方式，可将吴越传统村落分为依靠水路运输的水路村落和依靠南部山区错综复杂的陆路网络发展起来的陆路村落。根据生产方式，可将吴越传统村落分为以农业为主的农业村落和农业、手工业兼有的农商混合村落。将上述按照单一主导因素划分的村落类型进行组合，并结合吴越传统村落的实际情况，可把吴越现存的传统村落划分为如下四种类型："山地农耕血缘型""山地陆路交通农商混居型""平原水乡农商混居型"和"滨海资源混居型"。

（一）山地农耕血缘型

按照人口结构，吴越传统村落中有很大一部分是以单一姓氏为主的血缘村落，其他则是在经济较发达或物产较丰富的地区以产业聚集起来的混居村落。其中，血缘村落在传统的农业社会最为明显。

山地农耕血缘型村落的生产基础以传统农业为主，山、水、田是影响村落生产和生活的基本元素。"背山面水、负阴抱阳"的风水理念在村落规划中的运用，反映了农耕文明强调人与自然的统一。由于这类村落多为单一姓氏的血缘村落，村落内部的社会关系建立在家族基础之上，呈现出等级差序的格局。宗族管理是维护村落秩序的主要方式，族规乡约是道德约束的依据。村落中的祠堂往往引人注目，村落的管理、议事、发展、经营都与祠堂密不可分。因为祠堂建筑本身及祠堂中的仪式、祭祀等活动，共同构成了村落空间结构的核心。

山地农耕血缘型村落往往以宗祠为核心，形成团状格局，房屋围绕在祠堂周边，扩张时先选定分祠的位置，各房派再环以分祠，形成"总祠—分祠—各房派"的团状放射式布局。如安徽省黄山市歙县北岸镇瞻淇村的祠堂。

山地农耕血缘型村落的核心要素主要有山形水势、与山地环境和血缘关系相结合的聚落形态、礼制性（宗族性）公共空间及相关环境要素、农业生产性环境要素、防御和水利设施性环境要素等。

（二）山地陆路交通农商混居型

这类村落的布局多以驿道为轴，两侧发展商业街，其余建筑再从主轴延伸出去。这样村落不仅起到交易场所的作用，还有驿站的功能。

这类村落的核心要素主要有山形、与山地环境和陆路交通相结合的村落形态、街巷、手工业和商业生产性环境要素（商贸集市场所等）、交通设施性环境要素等。

（三）平原水乡农商混居型

水乡村落呈现出依河道布局的线性特色，一般居于河流一侧或跨越河流发展，河道成了重要的交通通道和组织布局的骨架。这类村落既有一般村落所具有的街和巷，又有临水的街道和水巷，还有各种形式的桥梁、码头、河埠，村落的景观内容十分丰富。

这类村落的核心要素主要有自然水势、与平原水乡环境相结合的聚落形态、街巷水系、生产性环境要素、水利和交通设施性环境要素等。

（四）滨海资源混居型

吴越区域内，平坦开阔的滨海空间较少，大多为丘陵，少有适合耕种的平地。为将平地和山凹让位于农田，村落多建在面海又避风的山坡上，沿海岸线、等高线分布，村落内部布局紧凑，呈现集合式、附岩式形态，很像海礁上的牡蛎，错落有致地附着在礁石上。民居建筑材料多为石材，地面环境也呈现多石的特点。吴越滨海传统村落靠海吃海，多以渔业、盐业或沿海运输业为生，随着海上贸易的兴起而发展。村落的海洋文化特征非常明显，妈祖庙、龙王庙比较多见，渔民开洋、妈祖祭典等是当地颇具代表性的民俗活动。

这类村落的核心要素主要有山形水势、与滨海环境相结合的聚落形态和农渔业生产性环境要素等。

表 3-1 吴越四类传统村落及其核心要素构成

分类	典型村落	与价值关联的核心要素
山地农耕血缘型	浙江省建德市新叶村	山形水势、与山地环境和血缘关系相结合的聚落形态、礼制性（宗族性）公共空间及相关环境要素、农业生产性环境要素、防御和水利设施性环境要素
山地陆路交通农商混居型	浙江省兰溪市诸葛村	山形、与山地环境和陆路交通相结合的聚落形态、街巷、手工业和商业生产性环境要素、交通设施性环境要素

续表

分类	典型村落	与价值关联的核心要素
平原水乡农商混居型	浙江省湖州市南浔区获港村	水势、与平原水乡环境相结合的聚落形态、街巷、农业和手工业生产性环境要素、水利和交通设施性环境要素
滨海资源混居型	浙江省温岭市里箬村	山形水势、与滨海环境相结合的聚落形态、农渔业生产性环境要素

吴越传统村落的选址、格局和环境要素具有三个基本特点：

一、村落的构成要素非常多，且种类庞杂。既有村落外围的山、水、农田、林地及其他作业场所等，又有村落内部的街巷网络、公共中心、沟渠、池塘、桥梁、码头、河埠、堰坝、古井、街门、巷门、寨墙、壕沟、牌坊、碑刻等。

二、并不是每个村落都包含上述所有要素。

三、不同的村落类型、不同类型的非建筑要素对于村落风貌的影响不同。

表 3-2　吴越传统村落的物质景观要素构成和分类

分类		内容
选址与格局要素	山形	自然山体，地势起伏特征
	水势	自然水体
	聚落形态	村落方位、朝向、形状、边界、轴线、中心、建筑密度、高度、天际线等
	街巷	道路、街巷系统
	水系	人工河道、井泉、沟渠、池塘等水系系统
	公共空间　场院	水口、村口、街口空间、桥头空间、井台空间、建筑前场空间、开敞庭院、洗涤场、屠宰场、建筑遗址等

续表

分类		内容
生产性环境要素	农业	农田、谷场、菜地、果园、林地、草场、鱼塘、晒场、渔场、盐场等，含水车、水碓、水碾、水磨、石碾、石磨等农业设施
	手工业、商业	市场、石宕、矿场及相关遗址等，含轨道、煅烧炉、烟囱等工业设施
环境要素 设施性环境要素	防御	寨墙、壕沟、街门、巷门等
	水利	堤坝、涵洞、水闸等
	交通	桥梁、码头、渡口、港口、河埠、栈道、纤道、避塘等
其他环境要素	构筑物、构件和物件	碑刻、旗杆、石狮子、上马石、拴马桩、柴草垛、棚架、墓葬等构筑物构件、构筑物；牌坊石、门枕石、旗杆石、柱础、条石、石板等散置建筑构件；石缸、石臼、石槽、碾盘石和磨盘石等生活物件
	绿植	树木、盆栽、花圃等

二、格局意象

根据美国城市规划专家凯文·林奇（Kevin Lynch）的城市意象理论，可分别从传统村落的背景、出入口、领域、标志、道路和节点等对其空间意象进行分析。

其中，背景表现为村落外围的山形水势，在天然优美的山水格局基础上，传统村落的出入口往往有比较特殊的设定：或是一段溪湾，或是一棵大树，或是高大的建构筑物，或是巨石岩壁乃至岩洞等；领域表现为以"面"的形态构建具有明显边界的封闭性空间，即聚落形态；通道或路径表现为以"线"的形态组织空间结构脉络和空间走向，即街巷水系；地标往往出现在村口或村中心，是村落的核心公共空间。其余的一些日常活动空间，如井、水埠头等，则以"点"的形态存在，满足村民日常生活和公共交往的需求。

（一）周边：基于山形水势的小气候环境

山形水势指在村落建成之前即已存在的自然的、宏观的山和水（也包含相关地貌遗迹），强调的是其原始、自然的属性。其中，自然山体可构成村落内向隐蔽的大环境，并有助于形成良好的小气候，对居住安全和居住品质都有积极的意义；自然水体则为生产生活提供水源。二者均为村落选址的重要因素，古代与山水格局相关的堪舆说因此尤为活跃。此外，阳光和风也往往作为布局考量的重要因素。传统村落的总体布局十分注重建筑主要立面的向阳性，传统风水理论适应了我国大部分纬度区的日照规律。作为一种可持续获得的生存资源，日照成为建筑和空间场地布局时的重要考量因素之一，我国大部分地区传统村落的民居建筑主要朝向为向东、东南、南和西南等。在山地环境中，由于地形条件限制和可用土地十分珍贵，尽管一些传统村落总体布局的空间走向顺应溪流河道和地势，但也会把主要居住空间的建筑面朝向阳面。这种顺应日照走势的总体布局，反映出先民对日照和健康之间相互关联的认识，把人居活动和自然界其他物种的生长规律等同考虑，把人类融入自然界，印证"天人合一"的思想。

风道（或风廊）是传统村落总体布局的又一重要特征，特别是在山地丘陵地区，风道是新风系统的重要依托。通常情况下，一方面，要避免强风对村落的袭击，利用山体地形条件形成屏障，抵御寒冷西北风和北风对村落的直接侵袭；另一方面，需要引入自然新风，带走淤积的"瘴气"。因此，传统村落一侧的溪流或河道，长年的水流带动空气流动，形成自然风，成为小气候环境调节的重要资源。这种水与风互动而形成的风水认识，对居住健康显然是十分有益的，反映出先民在传统村落总体布局中的朴素智慧。

（二）出入口：记忆传承的地方

古树、水口园林、牌坊等环境要素往往是吴越传统村落入口空间的重要内容。例如江苏省苏州市太湖西山岛上的明月湾古村。其入口为一棵古树和一湾清流，表达了明月湾村名的由来，也成为村口的重要地标物和重要的日常活动场所。

水口园林，兴自徽州。南宋至清末，徽商兴盛，徽州文化在皖南徽州崛起，并形成吴越地区内杰出的"新安文化"。徽州水口园林因此名扬天下。清代诗人方西畴在《新安竹枝词》中对水口作过生动的描述："故家乔木识梗楠，水口浓郁写蔚蓝。更着红亭供眺听，行人错认百花潭。"徽州唐模村镜亭内的一副长联，最能反映徽州古村落的意境追求："喜桃露春浓，荷云夏净，桂风秋馥，梅雪冬妍，地僻历俱忘，四序且凭花事告；看紫霞西耸，飞布东横，天马南驰，灵金北倚，山深人不觉，全村同在画中居。"

牌坊是中国特有的一种纪念性建筑，被视为中华文化象征性标志之一。明清时期，徽商不遗余力地立牌坊传世显荣，于是牌坊成为徽州古村落重要的景观建筑。历史上，绩溪建有各类牌坊182座，现存15座，婺源建有156座，休宁建有185座，徽州府治歙县现存

| 第三章 | 吴越传统村落的物质文化景观

图 3-5　明月湾古村入口

101 座。历史上，黟县西递村村口曾连续排列 13 座牌坊。目前，歙县郑村、雄村仍分别保存了 7 座、6 座牌坊。牌坊是纪念性建筑，每一座牌坊都有着深刻的文化内涵和特定功能，就内涵和功能而言，徽州牌坊大致可分为标志坊、官禄坊、科举坊、尚义坊、节烈坊和百岁坊。为了宣扬忠孝节义思想，徽州牌坊不仅力求高大雄伟、气势不凡，而且往往将牌坊立于祠堂前或村口，祠堂、牌坊两种礼制性建筑组合在一起，相互衬托，营造出浓厚的宗法氛

图 3-6 "全村同在画中居"的古村落意境
（图片来源：歙县丰南村图，程极悦摹本）

围。村口远离民居等建筑，视野开阔，更能凸显牌坊的气势，十分震撼。村口牌坊，特别是由数座牌坊组成的蔚为壮观的牌坊群，步入其间，令人肃然起敬。歙县棠樾村村口耸立着明清时期修建的 7 座牌坊，组成了全国重点文物保护单位棠樾牌坊群。同县稠墅村村口保存着由 4 座牌坊组成的牌坊群，柔川、竹溪村村口分别保存着由 3 座牌坊组成的牌坊群。

棠樾牌坊群由 7 座牌坊组成，按忠、孝、节、义的顺序依次排列，分别建于明代和清代，旌表棠樾人的忠孝节义。在牌坊群旁，还有男女二祠，建筑规模宏大，砖木石雕精致，近年已修复如旧。这些牌坊由青石制成，既不用钉，也不用铆，石与石巧妙嵌合，可历千百年不倒不败。这些古树、水口园林、牌坊，往往记录着村落的由来或荣耀，成为整个村民的集体记忆和村落故事的载体。

徽州的牌坊大多为仿木结构的石牌坊，具有较好的传世价值，也有一些传统村落，其牌

图 3-7　徽州牌坊群

坊是用木材制作的。如台州临海市东塍镇岭根村村口曾立有一座木牌坊，以纪念百岁老人王世芳的事迹。据载，该牌坊原为"一间两柱三楼坊，方木为柱，高二丈余……矗立原岭根村口（现外王老街）一百七十六载"［清乾隆三十三年（1768）岭根村百岁老人王世芳被赐建"百岁坊"，1945年为侵华日军所焚］。王世芳历经康、雍、乾三个皇帝，40岁中秀才，80岁选贡生，96岁官遂昌县训导，乾隆年间两次进京为皇太后祝寿，乾隆二十七年（1762）奉旨觐见皇太后时受赐"簧序耆颐"匾额。王世芳在世时七世同堂，寿终140岁，如此高寿的人在当时很少见，其养生体会是："吾惟知屏思虑，节饥饱，顺天和而已。"古时，牌坊一般多为石制，独岭根"升平人瑞"坊为木制方型。这是为何？据说是因为乾隆皇帝及皇太后对王世芳印象极佳，谓其"仪态大方，品行端正，忠孝两全，通情达理，官府不多也"，又皇太后五行缺木，而乾隆皇帝谓王世芳之"芳"草不成木，去草即方，是以，岭根牌坊为方木坊。坊上悬"圣旨"和"升平人瑞"额，两边柱上有对联云："花甲重逢增三七岁月，古稀双庆添一度春秋。"牌坊背面坊悬"恩荣"和"簧序耆颐"额。牌坊左侧有"升平人瑞坊重建记"。

（三）区域：富有宗族精神和寓意的形态

聚落形态包括村落的方位、形状、边界、轴线、中心、朝向等特征，这些内容往往因自然、地理、人文、历史等诸多因素综合作用而成，一些村落的聚落形态在选址的同时即被确定下来，并决定了村落未来发展的潜在可能。例如因耕地紧张而选择依山势建造，沿坡地、山脚或山坳地带发展，为靠近水源而选择沿河岸或河谷阶地发展，为满足商品交易和流通的需要而选择依重要交通线路（道路或河流）发展等。

早期有学者对浙江雁荡山脉与括苍山脉之间的楠溪江古村落进行了研究，并指出其富有寓意的规划构思。其中芙蓉村结合自然地形，以"七星八斗"规划布局，"象征着在村落中纳入星斗来寓意魁星点斗，包容上天之星宿，人才辈出，子孙发迹，光宗耀祖"；苍坡村的建村布局以"文房四宝"立意构思，"借

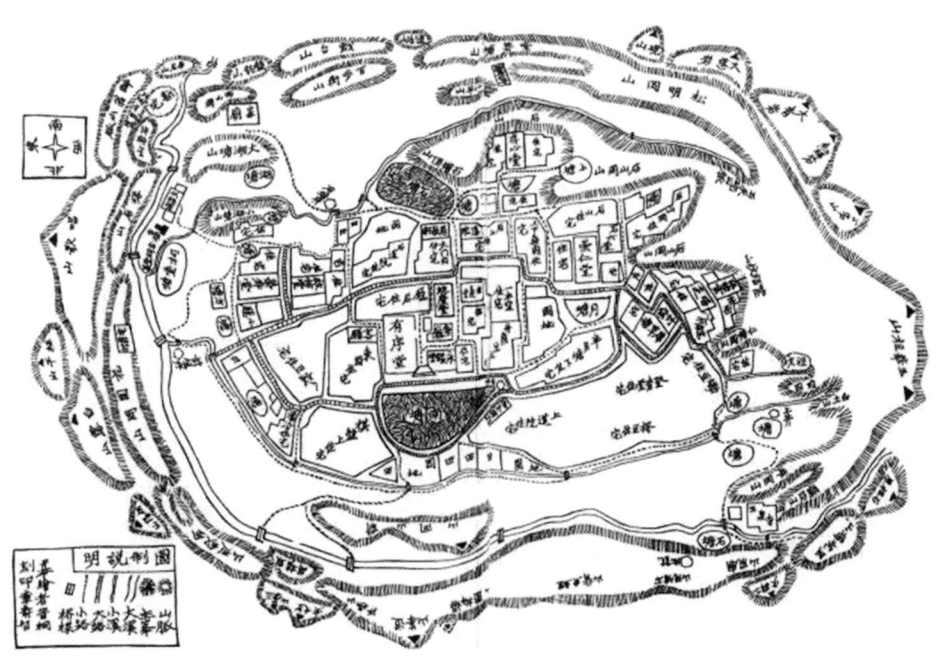

图 3-8　浙江建德新叶村舆图

形似笔架的远山象征笔架，在村前区域引水开池象征砚台，池边摆设长凳象征墨锭，平行水池的主街象征毛笔"。这个总体布局寓意鲜明。因此，从区域层次上看，传统村落的总体布局与周边山水的自然环境呈呼应关系，从一开始就融入了特定的精神需要和文化寓意。总体层面的规划设计和建造结构由此确定下来。尽管后来在长期发展过程中村落的用地规模发生了变化，但在区域层面的总体布局上仍然保持了相对稳定性。这种稳定性造就了传统村落的整体风貌特色，更重要的是，在其空间表象下蕴藏着村落的宗族精神追求和文化传承的内在本质。

a）山形水势　　　b）街巷水系　　　c）公共空间

图3-9　传统村落选址与格局要素举例

(四)边界:集体认知的领域边界

传统村落的边界具有较为明显的物质空间提示,例如村落周边的自然河道边界、山体边界,村落入口处的大树(有的被称为风水树)、桥梁、牌楼等。这些边界物质要素具有十分重要的精神内涵,是村落领域感的集体认知。

村落边界的集体认知有时具有十分重要的宗族意识。如陈志华等著的《新叶村》对水渠作为村落边界的重要性做了深入的研究,指出新叶村的内渠作为村子命脉而成为村落的边界,宗祠专门规定"叶姓本族的成员,房子都造在双溪环抱之内,不允许造在双溪之外。叶姓族人,凡死于双溪之外的,不能入祠停厝,归葬祖茔"。除此之外,除了铁匠和剃头匠之外,外姓人一律不许暂住在双溪之内,它"不仅仅是地理性的,更重要的是社会性的、心理性的"边界。

图 3-10
新叶村的边界

（五）地标：社会控制和教化作用

地标是传统村落视觉环境中几乎从各个角度都可以看到的人工构筑物或自然地物。它们通常都具有一定的高度或体量，在村落总体布局中占有十分重要的位置，同时，其功能也具有相应的特殊性。

一般来说，作为传统村落地标的构筑物，包括塔、阁、钟鼓楼、庙宇、牌坊、戏台、祠堂等宗教建筑、公共娱乐空间建构筑物。无论是风水影响、宗教仪式或精神伦理的寓意，它们都标识并传承着村落的精神追求，起到社会

图 3-11　浙江建德新叶村文峰塔

控制和教化作用，是村落社会稳定和精神追求的物质载体。地标建筑的功能、位置，是传统村落总体布局中的重要特征之一。如浙江建德新叶村的文峰塔，在村落建筑水平方向延展的视觉环境中独树一帜。虽然其造型纤巧、体量不大，但由于它的高度和位置，垂直向上的形态打破了水平方向的天际轮廓线，从而成为视觉中心。

文峰塔作为新叶村的村落地标，诠释着"耕可致富、读可荣身"的价值观教化和理想。

（六）通道：从物理空间秩序到社会心理秩序

传统村落在长期形成过程中，尽管规模和空间形态发生了变化，但水系或街巷的主轴格局及其所形成的空间秩序基本保持稳定。水系和街巷作为传统村落中的通道要素，以基本稳定的通道空间秩序支撑着村落内外的各种交通、交流等社会活动，从而保障了村落的社会秩序。

传统村落中的通道往往是在比较缓慢的历史演进中逐步完善成形的，融合了村落内一直延续的日常生活或宗祠仪式等需要。同时，无论是水系还是街巷，都成为村落中不断更新的民居建筑之间的空间距离得以有机延续和组织的核心依据之一，故而，通道实际上承担了村落规模有序增长控制要素的角色。

水系指在村落建立和发展过程中经过规划和建设的人工水体以及经过人工改造的自然水体，区别于山形水势中的水，按照形态有点（井泉）、线（河道、沟渠）、面（池塘）之分。传统农耕时代的吴越文化地区，水运作为主要的交通通道，深刻影响了传统村落的格局。此外，水系规划也往往是村落规划和建设的起点。水系规

图 3-12　宏村月塘及其周边的宗祠建筑

划往往需要充分考虑村民日常生活用水的便利性，方便居民饮食、洗涤，农产品加工，家庭手工业乃至火灾救援用水，同时也具有防洪排涝、改善小气候和美化环境的功能。对水系的规划，往往要根据功能、尺度和景观层次作主次、前后、洁污等空间的规划和划分，以实现物理空间秩序与宗族、社会精神秩序的高度一致性和统一性。如皖南黟县屏山村的东西两侧皆山，村居沿南北向的溪水弯曲有序地排列，构成典型的江南村镇"小桥流水人家"的景色。黟县宏村更是以水出名。筑坝抬高的牛泉河水引入村后，以九曲十八弯流经街巷和人家，成为天然自来水。村中心开挖的月塘，恰似明镜映衬着塘边的宗祠。

巷指在村落建立、发展过程中经过规划和建设的道路街巷体系，按照功能、尺度和铺装，有主街、次街和巷子之分。主街的方向大多与村子的总体朝向相垂直，可贯穿全村；次街与主街垂直，次街之间由更小一级的巷子连接；巷子的间距往往是住宅的总进深。与巷子平行的往往还有水渠。

图 3—13
宏村的小巷及水渠

主街具有公共性，承担着较多的人流、物流，重要建筑和公共空间也集中在主街上。一些位于水陆交通要道上的村落，其主街还兼有驿道或商道的性质。次街和巷子具有半私密性，主要服务于居住区，并起着分散人流的交通作用。主体街巷的空间结构往往是传统村落总体布局中又一个比较显著的特征，主体街巷是指村落中主要的街道和巷道，为村落内部交通、公共空间和民居建筑的主轴。街巷主轴串联的公共建筑及其形成的公共活动空间，往往承担着村落最重要的社会文化功能。村落的祠堂、庙宇和开敞的空地一般在主街空间上，成为宗族祭祀活动、节庆活动、宗教活动等的物质载体。

综上所述，水系、街巷作为传统村落总体布局中的通道要素，其空间秩序和社会秩序具有高度统一性。

（七）节点：日常生活与交往空间

节点是指村落内部重要的公共设施与场地，包括建筑物类，例如村落的祠堂、私塾、学堂、书院、茶馆、埠头、桥梁，以及亭、台、楼、阁、塔等；还有各种公共活动设施和场地，如井边、水埠、水澳、池塘等。它们承载了村民的日常生活，是村落社会生活的发生器。

这些节点空间一部分是在规划之初就确定的，另一部分可能是在民居等建造过程中不断增加的。在节点生成的过程中，往往对应了比较强烈的功能需求或精神需求。这类基于原型的节点空间，自发形成，既考虑到各家各户的需求，又考虑到公共生活和交往活动的要求，有机统一，实用相融。

以桐庐深澳古村为例。该村顺应山坡地形建造,随着时代的发展,其民居建筑方式和风格早已发生了质的变化。但作为曾经非常重要的日常公共生活和交往活动的空间节点,如水圳、水澳等,一直保留至今。即使在现代生活设施已经完备的情况下,它们仍然被村民继续使用着。在水网地区的村落环境中,日常生活交流的重要场所是埠头、台门。村民在埠头或台门口就可以和船家进行买卖,买卖活动甚至延伸开来,形成村落的集市。又如,在一些

图3-14　桐庐深澳古村的水澳

平原地区的传统村落中，取水和洗涤是村民日常生活的必要活动，因此，水井或水塘成为村民交往的重要场所，村落中家长里短的信息通过村民的日常交流扩展开来。这些空间节点成为村民日常生活的重要组成部分，增强了村落公共空间的共享和归属。

三、格局模式

吴越传统村落的格局和建筑类型非常丰富。其核心原因是没有统一的规章制度，所以表现出相对的自由性与灵活性。但是，这些自由性与灵活性仍处于一个人们可以掌控或可以预见的尺度之内，并遵循着某些内在的原理或众人认可的准则。这些准则归纳起来，主要有以下几类：

（一）强化血缘，聚族而居

吴越地区多是以血缘为纽带形成的氏族村落，且多有谱牒可稽。一个个聚族而居的村寨、坞堡、院落，构成团块式的空间结构，这种空间结构寄托着人们对家族凝聚、团结、和睦的希望。氏族村落长期盛行聚族而居之风，作为宗族社会象征的宗祠，成为村落的核心，其他建筑都以宗祠为重心布局。正如清代《宅谱指南·宗祠》中所言："自古立于大宗子之处，族人阳宇四面围位，以便男妇共祀其先，切不可近神坛寺观。"宗祠等建筑成为礼制空间的核心体，其他居住建筑为围合体，核心体与围合体的关系是社会伦理与家族秩序的象征。几乎所有的中国传统村落都遵循这一精神空间的组合原则。

这类传统村落在村落景观构成上往往具有强烈的礼制人伦特色或寄托家族的核心精神信仰。如金衢地区的三合院式满足"长幼有序""男女有别"的位序要求。在聚族而居的村落布局中，往往以池塘、水井、水圳、河流等景观标志为核心，构成公共园林空间。兰溪诸葛村即是比较鲜明的代表。衢州市江山市大陈乡大陈村也是一个因血缘聚族而形成的传统村落，具有"汪氏祠堂，书香古村"之美称。大陈村源自古徽州婺源常山人氏汪普贤的汪氏聚居村落。村庄、村巷和房屋均依山建造与分布，村民用青石铺砌村巷，迤逦曲折，串联全村。村落的核心建筑为汪氏宗祠和文昌阁，汪氏宗祠始建于清康熙五十三年（1714），重建于同治二年（1863），为三进二天井，雕梁画栋，富丽堂皇，成为全村的凝聚核心。其子建筑文昌阁为二进一天井。村内民居大都建于清代中晚期，现存较为完整，共计43幢，用材用工均相对简单，装饰质朴，白墙黛瓦，穿斗架梁，具有典型的徽派建筑特色。

（二）风水格局和八景文化

受古代哲学"天人合一""万物一体"思想的影响，吴越文化区的传统村落十分讲究从堪舆学的角度选择村落的环境，建筑的朝向、形式、布局以及前后左右建筑的关系，并将它们看作影响家族兴旺发达的直接元素。村落、建筑与自然环境有机结合，直至今天，仍然呈现出原有的朴实精神和文化内涵，并发展出以"八景"文化为代表的村落择址与营造传统。

位于浙东绍兴市嵊州市金庭镇卧猊山麓的华堂村，素有"书圣故里"的美称。华堂村三面环山，东面是鸟头山，南面是卧猊山，西北角有游亭山。平溪江从东南而来，穿过华堂村向西北流去，将华堂村一分为二，是村落中最大的一条河流。村东南为山地，西北是良田。村内现存的传统建筑规模大，古迹丰富，一溪、一圳、二街、一大家族，构成华堂村独一无二的历史建筑风貌，其中，千年水圳水利景观最能展示传统村落的建筑特色与典型特征。华堂村内的建筑物大部分是坐西朝东，这与大多数坐北朝南的村落朝向不同。自王羲之后，华堂村人多信道教。传说老子过函谷关之前，关令尹喜见有紫气从东而来，知道将有圣人过关，果然不久之后老子骑着青牛而来。后人因之以"紫气东来"表示祥瑞。可见，华堂村的村落格局深受道学风水影响。

吴越地区的很多传统村落都有八景文化。浙西衢州市龙游县石佛乡三门源村是一个古老的小山村。群山拱卫于村子的东、西、北三面，一条山溪自北向南穿村而过，村落山清水秀，环境恬静秀美，风水景观格局良好。村落建筑沿溪两岸依山势而筑，卵石巷道，粉墙黛瓦，高低不一的马头墙错落有致，溪水淙淙，拱桥倒映，一幅恬静山村景色。村边有饭甑山，海拔660余米，一峰独立，气势峻伟。据地质部门考证，饭甑山是火山，山顶的圆锥形火山口形似一个硕大无比的饭甑，云烟飘渺，宛如袅袅而起的炊烟。顺着山路北行2000米，有瀑布从天而降，这就是白佛岩瀑布。白佛岩海拔700米，山势陡峭，《读史方舆纪要》称其"势甚险峻，人迹罕至"。瀑布宽3米，落差约70米，从危崖壁立的白佛岩飞泻而下，形若垂练，溅如跳珠，散似银雾。远观凝而不动，无声无息；近看飞流湍急，响声轰鸣。唐朝道教天师叶法善曾在此修炼。瀑布附近还有罗汉山、将军岭、仙人峰、点易洞等。

（三）实用聚融的场院

传统村落因地域环境不同而形成的差异性使其自身充满独特而生动的魅力。场院作为村落外部空间的重要表征，深刻影响着这种差异性。浙南山区传统村落的外部空间中，场、院的空间格局颇有特色，场院组合是晾晒和收打谷物的重要场地。院四周有墙垣围绕。以场院为基本单元进行群体组合，是吴越传统村落布局的一个重要特征。

场院作为公共空间，往往指供村民交往、集聚的公共场所，可用于休息、乘凉、洗涤、晾晒、儿童嬉戏等，也可扩大到街巷环境中进行公共活动的积极空间（如位于街巷交会处、转角处的放大空间）。按照功能区分可将场院分为礼制性和休闲性两类，二者又常常有所交叉，礼制性的场院多与祠堂、寺庙相邻，可供聚集、议事、祭祀及演出活动使用。浙江地区的礼制性场院常表现为以宗祠为中心的布局形式，形成一个开敞的公共景观与公共生活的区域中心。休闲性的场院按照规模又分为两类：小型场院由街巷局部的放大空间或建筑间的夹缝空间形成，形状不规则，一般设有石墩和石板，主要供人休憩；大型场院则经过一定的规划设计，宽阔整齐，设有池塘、亭榭，并栽植树木等，可供休憩、娱乐和商业服务。此外，也有一些场院因原有建筑物损毁后场地空置而形成，可能存有台基、柱础等建筑遗迹。

（四）赋予象征意义

苍坡古村以笔直的青石路为"笔"，指向远处的笔架山，为防御火灾而开挖的两口池塘为"墨砚"和"笔洗"，最后构筑了"文房四宝"格局。黟县宏村则以一池半月水塘作"牛胃",一泓蜿蜒碧水为"牛肠",呈现出遵循了仿生学原理的村落格局。

兰溪诸葛村的村落布局则呈极具象征意义的鱼形太极图。其布局奇巧,高低错落,气势雄伟,结构精巧,空中轮廓优美,是诸葛亮 27 世孙诸葛大狮公于南宋末年迁居此地后,为纪念先祖诸葛亮,按九宫八卦阵图精心设计构建的。位于诸葛村九宫八卦图中心的钟池,一半水塘一半陆地,两面各设一口水井,形成极具象征意义的鱼形太极图。钟池周围构筑的八条弄堂向四周辐射,使村中的所有民居自然

图 3-15　永嘉县苍坡村的笔架山

图 3-16 黟县宏村的水系格局

归入坎、艮、震、巽、离、坤、兑、乾八个位置。更为神秘的是村外八座小山环抱诸葛村，构成天然的外八卦阵形。当游客步入村中纵横交错的古巷时，大有似连非连、半通不通、曲折玄妙之感。置身其中，更加感悟到杜甫"功盖三分国，名成八阵图。江流石不转，遗恨失吞吴"的内涵。

台州市三门县横渡镇东屏村具有"千年古村，群山如屏"的美称。东屏村坐北朝南，四面环山，整个村庄被一条小溪一分为二，像一幅徐徐展开的屏风，因此得名"东屏村"。村中古建筑多为明清时期所建。村中古井的井口被设计成了双"口"型，传说是"官"字的两个口，喝一口井里的水，可以福禄绵延。经过几百年的发展与变迁，东屏村里最古老的建筑要数一座名叫"上新屋道地"的古宅了。这座古宅临街而建，是东屏村古建筑群中唯一的一幢三层楼房。

第四节
吴越传统村落的建筑要素

作为地域文化的物质表征，吴越传统村落的建筑内涵十分丰富，类型和样式也非常多样。从"悬虚构屋"的河姆渡干栏式原始建筑开始，吴越传统村落的建筑随着气候、地形环境以及人们生活习俗的不同而呈现出丰富多彩的变化。

一、水因素影响下的格局与构造

由于雨水的原因，吴越传统村落的民居建筑往往将房屋的通风、隔热、防水、防潮作为主要考虑的问题。疏水、立基、筑屋成为重要的聚落建造模式和流程。

为了防雨遮阳，开放式的民居建筑通常出檐较深；而一些封闭式的大屋则用天井结构来解决这一问题，一般房屋建筑面积越大，天井数量就越多，这可以加速空气对流，起到散热的效果。比如，浙江兰溪诸葛村的坡地筑屋特色鲜明，大型的祠堂和状元及第的大

图 3-17 兰溪诸葛村的格局

宅往往都以坡向筑屋,并开天井以疏水和获取更多光线;村落的中心以阴阳鱼形状的水塘、水景及晒场营造公共设施空间。

(一)建筑格局

皖南、赣北、浙中的建筑特征相似,多为三合院和四合院。三合院由正房、两厢和天井组成。三间正房与一间厢房的格局为"三间两搭厢",四合院又称"对合式",不同于北方的四合院,它的正屋、前屋和两厢成一个连续的整体,两厢亦有一间,天井很狭窄。住宅正屋明间的厅堂通常不做门窗，其空间直接与天井相接，成为一体，是家庭生活和接待宾客的场所。卧室通常位于厢房并布置在建筑的迎风面一侧，有利于自然通风，卧室的窗户则朝向天井，通风采光较好。由于南方气候阴冷潮湿，楼上空间多做储藏用。一般阁楼空间层高较矮，清代以前，底层与阁楼层高比例一般为2：1；清代之后，随着人口的增加，居民开始在楼上居住，阁楼的层高也逐渐增加。阁楼作为"气候缓冲层"，对底层空间具有良好的隔热效果，目前仍有居民保持着"夏季睡底层，冬季睡阁楼"的习惯。

（二）建筑构造

从大量遗留下来的传统水乡古镇的古建实物来看，吴越地区的民居基本上是木构屋架砖土墙，顶上则用小青瓦覆盖，仅有一些亭台楼榭等重要建筑才使用筒瓦。吴越地区的丘陵山地为民居建造提供了丰富的林木材料，这使得传统的建筑木构体系得以长期维持，石墙和砖墙只起围护和分隔作用。建筑外墙主要为用黏土砖砌筑的空斗墙，在外墙内面设木质护墙板，不仅可以保持室内整洁，也可以起到分隔、防盗的作用。屋面做法一般较简单，普通的房舍直接在椽子上铺仰瓦，再铺盖瓦，人在室内能透过瓦缝看到天光，冬不挡风，夏不隔热。

为了防止漏水，方便排水，屋顶坡度一般为30度左右，铺设瓦片时，底瓦大头向上，盖瓦大头向下。瓦陇上部靠近正脊处和靠近檐口处，瓦压七露三，以加强强度和举折效果；悬山靠边处压二三层瓦收头，这样既加强了瓦顶的抗风能力，又使两端结束处逐渐增高，调整和完善屋面弧度，加强升起效果。

从浙江黄岩及临海的一些现存村落民居来看，除了在屋檐举架、瓦顶等部位做好防雨之外，也往往在屋基处理和外墙处理上注重以石材立基。绍兴台门建筑的外墙则往往采用石销墙，不仅防雨防潮，也可防盗。

吴越地区多雨水，居民底层的卧室多铺设木地板，地面比厅堂的地面抬高30至40厘米，起到防潮保温的作用。为了防止木地板发生霉烂，地板常采用架空构造，并在地板下的石质地梁上做通风口。以新叶村的双美堂为例，双美堂建于20世纪初，坐南面北，建筑主体保留原始风貌，由一个对合式和一个三间两搭厢组成。整个建筑以前庭后院为格局，后院位于整个宅子的南面，有一个小水塘，上置美人靠，后门设有吊桥。双美堂为砖木结构建筑，外墙为24厘米厚的黏土砖空斗墙，内部隔墙采用厚6厘米的松木樘板。屋顶为多坡式，用青瓦铺设，卧室地面采用架空构造并设有通风口，厅堂、厨房、廊下地面用三合土铺砌，天井地面采用青石铺砌，前院、后院、室外地面采用墁砖铺设。

吴越传统村落在选址、朝向、室内空间布局以及建筑开口设计上具有良好的气候适应性，往往充分利用山谷风、穿堂风来获得较好的自然通风效果。传统村落建筑往往重视遮阳防晒，依靠"气候缓冲空间"及"过渡空间"形成良好的隔热与遮阳效果，结合绿化与水体，营造了良好的室内外热环境。村落民居所采用的空斗外墙加木板内墙的双层围护结构，蓄热能力较差、热惯性小，属于轻质围护结构，隔热效果较好。村落民居中采用的架空通风地板构造具有较好的防潮、保温效果。

二、区域差别较大的建筑装饰

（一）屋顶装饰

吴越地区自唐宋以来就是中国经济最发达、文化最繁荣的地区之一，民居建筑的屋顶装饰丰富多样，地域性风格较强，尤其是在屋脊的表现形式上，有些地方风格简约，淡泊闲适，具有文士气质；有的地方却极具装饰性，构图强烈夸张，一般都有一道由砖瓦砌成的镂空图案曲线，尤其是屋脊中部有时候会做出一个头冠样的饰件。总之，屋顶装饰的区域差别较大。

屋顶装饰包括屋脊、翼角、宝顶、瓦将军、瓦当、滴水、悬鱼等，用瓦、砖、灰、木等材料制作。吴越民居主要是人字顶，其装饰构件主要位于正脊当中和两端，次之位于垂脊、戗脊、博脊，翼角装饰主要在宗祠、庙宇、亭阁。

鉴于浙江沿海地区多台风天气，屋顶瓦片的牢固性往往成为当地居民建造房屋时重点考虑的问题。为了减少台风影响，中大型民居多使用瓦当和滴水，此地的瓦当比北方的宽大，瓦沟沟槽宽且深，并且出现较多长形瓦当。瓦当的图案内容也与北方不同，北方瓦当以文字和蛇、豹、虎等动物为主，而浙江温州地区的瓦当多以花、云纹、回纹为主，也有比较特殊的装饰，如戏曲瓦当，即在瓦头和滴水上雕刻戏曲人物故事，其技艺接近浮雕。

马头墙是吴越民居的装饰特色之一，各地的差异也较大。以浙江地区的村落建筑为例，浙中民居马头墙比浙西复杂，又比浙东简单，具有由浙西到浙东过渡的特点。浙西民居的马头墙和徽州的基本相同，具有房屋四面围封，瓦不外伸，没有脊饰，且立面上看不

图 3-18　婺源篁岭古村的屋顶及其装饰

见屋脊等特征。这些用水平和垂直两种线条勾勒出来的马头墙，很好地解决了防水、雨水收集、排水等问题，并取得了极佳的美学效果。从高处俯视，马头墙像阡陌，把屋顶划成一方方垄亩。

（二）色彩和雕刻

从建筑的颜色来看，吴越民居一般以建筑美与自然美的融合杂糅为基准，建筑颜色往往以淡雅清新为主，与当地朴素的建筑材料相协调。山乡住宅是粉墙黛瓦或卵石墙、块石墙、木板墙原色。青砖、黑瓦是木头烧出来的青烟色，住宅内部的木构件不施漆。这类住宅是环境色，是无色之色。官邸豪宅则是玄柱朱廊黑瓦，园林宅第等用暗红色、黑色，也是适应山水环境的结果。

吴越地区的建筑雕刻装饰技艺发达，大量的雕刻装饰在浙江民居中运用广泛。从建筑类别来看，厅堂、亭阁、庙堂等都是雕刻的对象，建筑屋顶、屋面、内饰等都较多地运用雕刻手法。以浙江民居为例，砖雕、木雕的应用广泛，几乎每个地方都有，但也因各地住宅结构、文化特征、生活习性的不同而有所差别。

图 3-19　桐庐深澳村的门楼木雕

如浙东的一些代表性建筑，其砖雕主要分布在门楼和马头墙上，呈现出面积大、层次多的特色。

浙西衢州市龙游县石佛乡三门源村的传统建筑形式多样，功能齐全，装饰豪华，木雕技术精湛，内容丰富多彩。尤以省级文物保护单位——叶氏建筑群为代表，是江南地区保存十分完整的砖雕门楼建筑。该建筑建于清乾隆晚期，砖雕门楼规模宏大，工艺精湛，内容丰富。其中嵌有23块地方婺剧戏曲砖雕，美轮美奂，堪称我国古代地方戏曲的活化石。

岭根村故居群的老宅青砖黛瓦，巍峨高大，各具建筑艺术特色，马头墙层层叠叠，显示当年主人身份的不凡，特别是在墙面的纹饰、外墙的灰雕等建筑装饰上更讲究、更精致。地面是用鹅卵石铺设的图案，整齐有序；木质窗棂花窗间，又附以漂亮的小饰物，或衬以花瓶、小猴、小鹿、蝴蝶等图案，造型精致，技艺繁杂精湛，简直就是一件件精美绝伦的工艺品。岭根村尚存的古建筑集中于下店和上新屋，其中保存完好的有王文庆故居、王辅臣故居及下店的三合院、四合院。岭根村曾作为官吏和军事将领的故地，建造了大量造型别致的院落大宅，风格独特，工艺精湛，有着浓厚的历史文化底蕴和时代特色，为后世文物珍宝。现被列为临海市级文物保护单位的王文庆故居、王辅臣故居，虽在"文革"期间局部遭到了破坏，但总体上保存完好。村内诸多的古建筑群，其间回廊相互通达，雨天不用打伞便可走遍全村，并设有严密的防盗和防洪功能。古老的民居建筑，历经时代变迁，也曾遭到人为的破坏和摧毁，但在大家的共同努力下，基本得到了较好的保护，尤其是主要的古建筑群均未遭到严重破坏。

第四章 吴越传统村落的非物质文化景观

中国传统村落文化抢救与研究
文化区系列

Chinese Traditional Villages
村落

第一节
吴越传统村落的生产方式

吴越地区位于长江中下游，长江穿境而过使其形成水网交错、土壤肥沃的冲积型平原。吴越地区不仅地势平坦，而且东临大海，江湖密布，加之温暖的气候，充沛的雨量，为稻谷生长、渔业和蚕桑业发展提供了十分优越的条件。《周礼·职方氏》记载："东南曰扬州，其谷宜稻。"《史记·货殖列传》记载："楚越之地，地广人稀，饭稻羹鱼，或火耕而水耨，果隋蠃蛤，不待贾而足，地埶饶食，无饥馑之患，以故呰窳偷生，无积聚而多贫。是故江淮以南，无冻饿之人，亦无千金之家。"《宋书》中也描述其"地广野丰，民勤本业，一岁或稔，则数郡忘饥。会土带海傍湖，良畴亦数十万顷，膏腴上地，亩直一金，鄠、杜之间，不能比也。荆城跨南楚之富，扬部有全吴之沃，鱼盐杞梓之利，充仞八方；丝绵布帛之饶，覆衣天下"。

一、生产技术

（一）种植技术

1. 水稻种植

早在新石器时代，水稻种植业就出现在太湖地区。在浙江桐乡的罗家角遗址、浙江河姆渡遗址中出土了大量的水稻遗存，距今已逾7000年。新石器时代，农业生产还较为粗放，生产技术也十分简单。先秦至六朝时期，农业发展的主要途径是开荒，以扩大耕地面积，水稻种植主要采用"火耕水耨"的方式。所谓"火耕水耨"，东汉应劭在《汉书·武帝纪》中注曰："烧草下水种稻，草与稻并生，高七八寸，因悉芟去，复下水灌之，草死，稻独长。""火耕"是将野草焚烧，"水耨"是当稻苗高于杂草时，灌水淹死杂草，这是原始的种植方法。三国时期，东吴积极推广屯田，耕地面积不断增加，人们利用水牛进行"踏耕"。南朝时，"火耕水耨"的方法已不多见，人们开始使用直播种植法，播种之后任稻苗自由生长，不除田间杂草，也不追加肥料，生产方式较为落后。

水稻移植和插秧技术于唐中后期逐渐在吴越地区广泛推行，唐人张籍在《江村行》中写道："江南热旱天气毒，雨中移秧颜色鲜。"从唐代中期起，北方统治者越来越依赖南方的稻米供应，通过沟通钱塘江、长江、淮河、黄河和海河等河流，唐王朝的统治者将江南的稻米源源不断地运到北方，实现了"南粮北调"。唐代大文学家韩愈曾说："赋出天下，而江南居十九。"①

宋元时期，北民南迁，吴越地区的人口不断增加，吴越百姓不断改良方法，水稻种植逐渐向精耕细作转变，形成了耕耙耖耘耥的一整套耕作技术。这一时期，在水稻栽培方面，吴越百姓发明了培育壮秧（善其根苗）、合理施肥（用粪犹用药）以及耘耥烤田（搁田）等方法，故而时人称"苏湖熟，天下足"。明清时期，吴越之民在

---

① 日知录·卷十.

水稻栽培技术上进一步精细化，重视深耕（深达 30 厘米）、讲究施肥以及精细管理等，稻作栽培技术已经达到臻于完善的程度。

2. 桑树种植

吴越地区，尤其是太湖地区得天独厚的自然地理条件，十分适宜桑树的生长，因此蚕桑业非常发达，由此产生了发达的蚕桑文化。桑树是高大的落叶乔木，人工采叶要借助梯子爬树，摘取十分不便，桑叶产量较低，很难满足养蚕业的需求。唐中后期，人们栽培出矮小的低桑，形成密集种植的低桑林，便于人工采叶。至晚唐，密集种植的低桑林已经在吴越地区广泛存在，嘉湖地区的桑苗和桑树栽培业远近闻名。宋元以前，采收桑条主要利用桑斧，"每年及时科斫，以绳系石，坠四向枝，令婆娑，中心亦屈却，勿令直上难采"。[1] 明末的《天工开物》中记述了桑剪的使用，可以利用桑剪修剪枝叶，这促进了桑树种植业的发展。浙江安吉、湖州等地还出现了桑树嫁接方法，简单易行，满足了大量繁殖桑苗的需求。鸦片战争后，随着吴越部分地区开埠通商，蚕桑业逐步扩大发展，无锡成为区域中心，出现了大面积的桑园，种有四五尺高的刘全桑。[2]

（二）渔业技术

考古发现，早在新石器时代已有人类从事渔猎活动，但只捕不养，最早人们在岸边、沟滩等地徒手捕捞，或是利用雨季和汛期

---

[1] 四时纂要·春令卷之一.
[2] 姜彬.吴越民间信仰民俗[M].上海：上海文艺出版社，1992.

涨水前在岸边设置障碍阻截鱼。至春秋时，吴国已将鱼类作为重要的副食品。史载伍子胥伐楚归来，吴王以鱼赏赐得胜的将士："子胥归吴，吴王闻三师将至，治鱼为鲙"。[①] 此时，吴地人民逐渐学会了人工饲养，起先将捕捞来的未食用完的活鱼投入小型水塘，后逐渐演变为人工饲养。相传第一部养鱼专著《养鱼经》是春秋时期的范蠡所著，他认为"治生之法有五，水畜第一"，书中对养殖对象、建造鱼池、密养轮捕、良种选留及产卵孵化等方面均有论述。

两晋之际南北融合，吴越之地"水美鱼肥稻花香"的美名开始流传，晋人张华认为"东南之人食水产，西北之人食陆畜，食水产者，龟蛤螺蚌，以为珍味，不觉其腥臊也"。[②] 此时，出现了用"簎"捕鱼，隋唐时更加普遍。原本人们将捕捞到的成年鱼放入鱼池中使其自然繁殖，隋代出现了割取鱼产卵地的水草等人工采取鱼种的方法，而且优良鱼种可以得到更远距离、更大范围的推广。唐代，不仅捕捞技术取得了长足发展，而且形成了水产贸易集市，扬州广陵郡的鱼脐、糖蟹和藕，苏州吴郡的鲻皮、鱼子等成为有名的贡品。

宋代随着航海技术的发展，近海渔业生产颇具规模，在沿海捕鱼时，春季捕捞黄鱼，秋季捕捞带鱼，冬季进入太湖捕鱼。太湖地区出现了六桅大的巨型渔船，时速快，抗风浪性能强，可以从事大型捕捞。随着人口增多，人工围垦湖面养鱼的现象也越发普遍。范成大在《梅雨五绝》中有"雨霁云开池面光，三年鱼苗如许长。小

---

① 吴越春秋·阖闾内传第四．
② 博物志·卷一·五方人民．

荷拳拳可包鲊,晚日照盘风露香"的描写。水产养殖在鱼池管理、品种搭配和饲料投放等方面逐渐科学化,渔业从小农经济下的副业发展成独立经营的主业。

明清时期,吴越渔业在禁绝与反禁绝的斗争中逐渐兴盛起来,人们在寻找鱼群、下网捕捞技术上有所进步,渔船、渔具也日臻完善。内河渔业和水产养殖业取得了显著发展,其中太湖地区最为发达。水网密布的河道网分为内荡和外荡,外荡是公共水面,可自由捞捕;内荡是渔民自己围挡的人工养殖区域,一般面积较小,有固定的生长周期,可定时收货。明代,黄省作《鱼经》,记叙了鱼苗培育、建造鱼池和防治鱼病的方法,以及常见的鱼类等。徐光启在《农政全书·牧养》中也有关于鱼的饲养技术的专门记载。太湖地区的渔民还广泛总结饲养经验,注意水体的综合利用,注重品种混养,增加效益,总结出上、中、下层水域鱼类混养的搭配比例。此外,采子育苗也逐渐发展成为一大产业。

清朝末期,由于社会动荡、战乱频仍,吴越地区的渔业发展遭到打击,民国时期逐渐恢复。当时无锡地区渔业十分发达,形成了集中产区,还形成了规模较大的鱼行和交易市集。20世纪初期,受西学东渐影响,现代渔业逐步诞生。1912年,南通商人张謇与黄炎培、张镠筹建江苏省立水产学校,开设制造、渔捞和养殖三科,开国内先河。1931年,《上海市水产经济月报》创立,1934年,《水产月刊》出版,这些都推动了渔业的发展。①

---

① 徐国保.吴文化的根基与文脉[M].南京:东南大学出版社,2018.

（三）养蚕技术

《史记》记载了公元前519年吴、楚两国因为边境争桑而引起战争，"楚边邑卑梁氏之处女与吴边邑之女争桑，二女家怒相灭，两国边邑长闻之，怒而相攻，灭吴之边邑。吴王怒，故遂伐楚，取两都而去"[①]。在吴王阖闾夫人的墓中，葬有金蚕、玉燕各千余双，将蚕制品作为吴王阖闾夫人重要的陪葬品，足以看出蚕在当时人们心目中的地位。东晋和南朝时期，随着北方人口大量南迁，吴越之地因建有王朝首都，朝廷的赋税制度规定丁男之户每年要上缴绢三匹，故蚕桑业有所发展。唐朝初年，蚕桑业的重心在绍兴地区，绍兴每年要向朝廷上贡交梭绫、吴绫等精美丝绸。安史之乱后，经济重心继续南移，太湖地区的蚕桑业一度赶超黄河流域，成为全国之最，蚕桑收入占农业收入的一半。唐朝灭亡后建立的吴越国实施"闭关而修蚕织"政策。宋代时，富贵人家以蚕纹装饰为贵，并将其作为财富的象征。苏州吴江区盛泽镇是闻名遐迩的丝绸之乡，在明嘉靖年间迅速发展成重要的丝绸集散市场。清末以后，随着棉纺织业的兴起，蚕桑业备受影响，但湖州地区却因其卓越的蚕丝品质始终保持着发展。鸦片战争后，由于西方对丝绸的喜爱，致使嘉兴等地的蚕桑业又有了进一步发展，太湖北部地区成为近代中国最重要的蚕桑生产基地之一。

蚕有春蚕与夏蚕之分，吴越地区以春蚕为主，由于湿闷多雨与桑叶不足，夏蚕饲养较少，但唐代以后逐渐增多。养蚕要经过撒布种、窝种、孵化、五眠、出火、上山结茧、回山和缫丝等多道复杂

---

① 史记·卷三十一·吴太伯世家.

工序，饲养时要十分注意桑叶的质量。在蚕俗中，最重要的是要绝对保证"蚕娘"和蚕室的洁净，使"蚕宝宝"健康成长、吐丝结茧。"蚕娘"必须身手洁净，孩子未满月的产妇不能当"蚕娘"。"蚕娘"养蚕期间不可食五辛，禁用化妆品，不许大声谈笑。桑室不准外人进入，桑室门上插桃枝、挂镜子、贴红纸，用以避邪。蚕室要打扫干净，堵死鼠洞，再请进"蚕猫"（纸绘或泥塑的猫），以驱鼠害。此外，还要用石灰浴、盐卤浴、天露浴等方式对蚕种进行消毒来防治桑病："凡蚕用浴法，唯嘉、湖两郡。湖多用天露、石灰，嘉多用盐卤水。每蚕纸一张，用盐仓走出卤水二升，参水浸于盂内，纸浮其面（石灰仿此）。逢腊月十二即浸浴，至二十四，计十二日，周即漉起，用微火烘干。从此珍重箱匣中，半点风湿不受，直待清明抱产。其天露浴者，时日相同。"[①]

（四）水利技术

吴越地区降水量大，而水稻种植与旱涝变化有直接的关系。"大江南各府州县皆种稻，而田有高低，大约低田患水，高田患旱。吾乡高田多，低田少，每遇旱年，枝河干涸，则苗立槁。"[②]因此，水利工程的修建也是农业发展的头等大事，"故凡官于东南而留心民瘼者，必先明水利，再讲田赋，是致治之本"[③]。

吴越之地自古就有修筑陂湖塘堰等水利工程以灌溉稻田的传统。春秋吴王阖闾时期就已经开始兴修水利，开凿了沟通长江与淮

---

① 天工开物·上篇·乃服．
②③ 履园丛话·丛话七·臆论．

河的邗沟。《越绝书》载，楚国时春申君黄歇建造陂塘水利工程，"无锡湖者，春申君治以为陂，凿语昭渎，以东到大田"①。南方气候湿润，雨量充沛，丘陵多，平原少，地形破碎，所以大型灌溉工程较少，而中小型的陂湖塘堰却得到广泛发展。东汉时期，郑玄提出修建体系完整、蓄防灌排的水利工程。光武帝建武七年（31），杜诗迁南阳太守，他借助自然地势修建陂塘，用池塘的蓄水来灌溉农田，"修治陂池，广拓土田，郡内比室殷足"②，得到人民的拥戴。汝南郡地处江淮丘陵地带，雨季时降水充沛，洪水下泄，易造成洪涝灾害，枯水季又无法灌溉，影响农业生产。东汉初期的汝南太守邓晨在任期内任用著名的水利学家许杨主持修建西汉时期荒废的水利工程鸿隙陂，"晨兴鸿隙陂数千顷田，汝土以殷，鱼稻之饶，流衍他郡"，陂塘工程的修建使百姓不必担心水旱，农田得到充分的灌溉，汝南连年丰收，农业生产迅速恢复。陂塘的修建不仅改善了区域的水环境，也改善了区域内的土壤质量，极大地推动了农业生产的发展。

东晋和南朝时期，官方组织修建了大型水利工程，地方豪族也积极私建陂塘。隋唐之际，随着大运河的贯通，江南地区的河道整治和农田水利建设取得了长足发展，多个区间运河也陆续开通。安史之乱后随着北方居民的又一次南迁，江南地区的水利建设高速发展，成为全国水利工程修建的重心。五代时期，吴越国统一规划水利工作，兴建杭州海塘、通畅入海口、设置堰闸系统并建立严格的水利管理养护制度，设置都水营田使专门负责修治河堰、导河筑堤

---

① 越绝书·第二.
② 后汉书·郭杜孔张廉王苏羊贾陆列传第二十一.

的工作。为了增加财政收入，宋代时广泛向地势低洼的湖边围湖造"圩田"，将水利工程的重点放在排涝和河道治理上。此后的统治者也都重视圩田的水利建设，开展浚河、筑圩和建闸等各类工程，明清时期形成了较为完善的整套圩田改造技术。

二、生产工具

（一）种植工具

吴越地区不仅杂草丛生，而且湖泽遍布，土壤黏化严重，因此耕地的开发、管理都有很大的难度。新石器时代，用以砍伐树木和开拓耕地的石斧、石刀和翻土的骨耜是主要的生产工具。南朝时期，冶铁技术有了进步，人们开始用灌钢法制作镰刀等工具，锻铁工具得到普遍使用，但是钢刃铁农具还不多见。[1]

隋唐五代时期，炒炼熟铁和灌钢技术的进一步成熟，使得性能优良的铁刃农具得到普遍使用。晚唐陆龟蒙在《耒耜经》中记载了江东地区有曲辕犁、耙、碌碡等一整套水田农具，使稻田耕作中的翻土、碎土和混合泥浆形成了一个完整连贯的耕作过程。[2]曲辕犁由于用曲辕代替直辕，缩减了长度、淘汰了犁衡，结构更为轻便合理，更适宜水田使用。曲辕犁功能多样，具有开荒、疏松土壤、去除杂草、调节耕地深度的功能，可以进行深耕和浅耕。

---

[1] 杨宽.中国古代冶铁技术发展史[M].上海：上海人民出版社，2004.
[2] 周昕.中国农具通史[M].济南：山东科学技术出版社，2010.

第四章 | 吴越传统村落的非物质文化景观

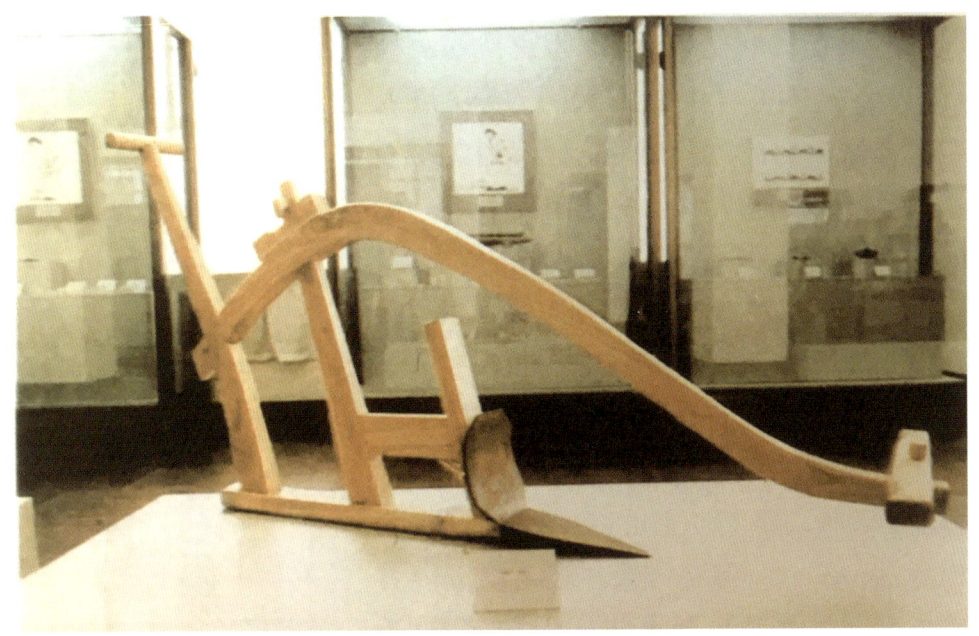

图 4-1 唐代曲辕犁复制模型
（图片来源：《中国农具通史》）

曲辕犁的发明促进了牛耕的普及，奠定了传统耕作工具的结构基础。元代还发明了锄草工具耘爪。"耘爪，耘水田器也，即古所谓鸟耘者。其器用竹管，随手指大小截之，长可逾寸，削去一边，状如爪甲；或好坚利者，以铁为之，穿於指上，乃用耘田，以代指甲，犹鸟之用爪也"。[①] 耘爪可以像鸟啄一样拔草，十分锋利。

---

① 农书·卷十三．

明清之后，由于人口的猛增和养牛成本的提高，借助牛耕的曲辕犁逐渐被使用人力的铁搭所替代。此时，农具种类逐步丰富化，类型丰富的农具应用在水稻种植生产的各个环节，如浸种催芽、整地、中耕、灌溉、收割、加工、贮藏等。[①] 乾隆《吴江县志》载："……艺麦有槌，戽水有车，取土有镐，芟草有耥，筑场有轴，刈稻有锲，曝稻有竿，击稻有床，翻谷有笓，脱谷有砻，去秕有筛，扇粟有车，击屑有枷，削藁有豁。"

（二）渔业工具

钱山漾和草鞋山等遗址中出土的浮标、竹篓和骨质织网器证明，5000 至 6000 年前，吴越先民已经利用木船到宽广水域中撒网捕捞。明崇祯《松江府志》载："江南地广，火耕水耨，民食鱼稻，故农器与渔具比他方甚备。"晋时，出现捕鱼器具篊。"篊，取鱼具也，酉阳杂俎晋时钱塘有人作篊，年取鱼亿计，号万尺篊。"[②] 唐朝时，篊的运用更为普遍。陆龟蒙在诗中写道："到头江畔寻渔事，织作中流万尺篊。"陆龟蒙辞官后在吴县地区隐居，写了《渔具诗序》，介绍了结网、刀叉、拦网所用的捕鱼工具，钓鱼、炸鱼、射鱼、药鱼等工具以及盛鱼工具，共 13 类 19 种，十分齐全。宋朝时，吴江县知事张达明编绘《渔具图》，将主要渔业工具记录下来。当时的渔具主要有体积小、重量轻、价格低廉等特点，且就地取材、

[①] 丁晓蕾，孙建，王思明.江南稻作农具民俗遗产的文化表现及其意义[J].中国农史，2015（6）：110-119.
[②] 唐音癸签·卷二十.

因地制宜，制作工艺简单。①

明清时期，随着商品经济和科学技术的发展，别具特色的网、罩等渔具逐步完善。出现了麻、丝、线、棉等各种材质，配合江、河、湖、海等不同水域，区分斑鱼、白虾、银鱼等不同的捕捞对象的各种各样的渔具。

三、生产制度

魏晋南北朝时期，冬小麦逐步由北向南发展。冬小麦最早种植在旱地，水旱灾害后，青黄不接之时做补益之用，盛行两年一作的轮作制。唐朝时，大部分采用一年一作制，唐中后期开始推行稻麦复种制。宋王朝统治者南迁后，出于饮食习惯和提高粮食产量的需求，广泛提倡种麦，实行奖励政策，因而种麦者逐渐增多，原本一年一作的水稻单一种植制度发生变化，形成以水稻生产占主要地位的稻麦两熟制。范成大在《寺庄》中有"大麦成苞小麦深，秧田水满绿浮针"的记载。明清时，人口激增，对粮食的巨大需求使耕作制度发展到麦稻复种，以提高产量，清代苏州地区又引种一种生产期短的连作稻并广泛推广，双季稻逐步兴起。

除去主食之外，水稻还可与其他作物混合种植。在某些沿江地区，实行稻棉轮作制，具有"草根溃烂，土气肥厚，虫螺不生"的效果，达到稻、棉双丰收。在水网地带，民间根据若干水生作物对生态环境的不同要求，因地因物，合理选种。"深处种菱浅种稻，

---

① 姜彬.吴越民间信仰民俗[M].上海：上海文艺出版社，1992.

不深不浅种荷花（产藕）。"此外，吴越地区还种植蚕豆、绿豆等杂粮，油菜、黄豆等油料作物。明嘉靖年间的常熟地区，首次出现了农林牧渔共同生长、循环利用的综合生产模式。据《常昭合志稿》记载，东乡人谭晓、谭照兄弟在高山上作围种稻，种植果树，在低矮池塘处养鱼，在池塘边的沼泽养水生植物，在池塘上架梁搭棚养鸡。把能利用的土地和空间都充分利用起来，因而收到了其田"岁入视平壤三倍"的良好经济效益。在动植物资源的循环利用上是多方面的，"池之上架以梁为笼舍，畜鸡系其中，鱼食其粪又易肥"。稻麦的糠可以喂鸡，鸡的粪便既可作池鱼的饵料，又可作稻田、菜地的肥料，鱼粪和池泥则可直接施于稻田和菜地……这种合理利用动植物资源互利关系的生产方法，俨然已是现代生态农业的雏形。这是吴地稻农在长期生产实践中的一种创造，也是田地久种不衰、越种越肥、水稻越种越好的一个重要原因。

太湖流域的农谚云："上半年靠蚕，下半年靠田。"明末清初发展了一种以水稻为主，蚕桑为辅，水稻、桑、鱼畜有机结合，综合经营的新方法。与养鸡相比，养猪能获得更大的收益，以豆饼、大麦、酒糟等养猪，以多余的桑叶饲羊，再以猪粪、羊粪作肥料肥田、肥地。养一头猪能在6个月内积得15担猪粪，可作3亩稻田的肥料，所以民间有"养了三年无利猪，富了人家不得知"之说。从此，吴地的稻作业、蚕桑业、植棉业、家畜饲养业、淡水渔业等组成了一个有机的生产整体，使各类废弃物得到了充分利用，以稻作为核心、综合经营的农业生产获得重大发展。

第二节
吴越传统村落的生活习俗

一、方言

吴越地区自古同音同律，语言相通，吴越方言被称为吴语、吴越语、江东话，自先秦时起，就享有"软、糯、甜、媚"的赞誉。早期吴越方言与北方话相差很大，《孟子·滕文公上》称"南蛮鴂舌之人"。《世说新语·轻诋》中记载："见一群白颈乌，但闻唤哑哑声。"意思是说吴人说话如同鸟的叫声。《越绝书》中记载："越人谓船为须虑，越人谓盐曰余。"直到两晋时期，由于永嘉南渡，北方居民南迁，南方方言逐渐被北方话同化。南宋时期又定都杭州，加速了语言的融合和发展，但吴越方言仍旧保留着一定的特征。

南宋词人辛弃疾在《清平乐·村居》中描绘道："茅檐低小，溪上青青草。醉里吴音相媚好，白发谁家翁媪？"晚清思想家、文学家龚自珍也写道："灯痕红似小红楼，似水帘栊似水秋。岂但此情柔似水，吴音还似水般柔。"吴音优美柔和，婉转动听，妩媚可人，清雅绵软，甜甜脆脆，似吟似唱如莺啼，"水般柔"是其最大特征。诗人徐志摩在苏州女子中学的讲演中说："在这里，不比别的地处，人与地是相对无愧的，是交相辉映的，寒山寺的钟声与吴侬的软语一般的令人向往。"

吴语清秀温和、细腻灵动，声母分尖团，前元音丰富，声母有清浊，声调多变，听觉上形成了"细、嗲、软、糯"的美感。吴语有着轻柔婉转、平仄相间的语音特征，丰富多彩、斑斓多姿的词汇特征和严密稳定、独具特色的语法特征。① 苏州人说起话来，和风细雨，温柔入味。吴语体现了浓浓的古老遗韵和书卷气，吴语中还有丰富多彩、诙谐成趣的歇后语和俗语。

二、饮食

有关吴越地区的知名美味，《吕氏春秋》中有"鱼之美者，洞庭之鲋"的说法；西晋张季鹰的《鲈鱼歌》"秋风起兮木叶飞，吴江水兮鲈正肥。三千里兮家未归，恨难禁兮仰天悲"更是使鲈鱼之思成为千古绝唱；东晋的王羲之将用荷叶包裹的鱼鲊馈赠给亲友；隋朝时期，鲈鱼是进献的贡品，《大业拾遗记》记载："金玉鲙，东南之佳味也。紫花碧叶，间以素鲙，亦鲜洁可观"。六朝时期，建康（今江苏南京）人喜食鸭肉，并将其作为日常肉食。根据考古资料和史书记载来看，人们的主要饮食和鱼、米是分不开的，吴越先民较早地进入了以稻米为主食，拥有多样化副食的熟食阶段。

（一）主食及点心

吴地人可以数月不吃面食但却不能一日少了米饭。江南稻米有粳、籼、糯之分。粳米一年一熟，性软味香，可煮干饭、米粥；籼

---

① 陈书禄，纪玲妹，沙先一.江苏地域文化通论[M].南京：江苏凤凰教育出版社，2014.

米有早晚两熟，较硬，适宜煮饭；糯米常用来制作糕点或酿酒。煮粥时，还可以杂以绿豆、黄豆、赤豆、红枣等煮成具有地方风味的花色粥。象山一带也有以番薯干做主食的，米烧粥、饭泡粥通常作为早餐，还有以糕团、面条、大饼、油条做早餐的。清明之后，中秋之前，由于白昼时间长，人们有下午三四点加餐的习惯，以点心为主，辅以简单的菜肴。在村落中，食制因农忙农闲而异。过去农民都比较贫困，生活特别节俭，以"一干二稀"为常，农忙时节为保证劳动力，通常以干饭为主，并增加餐数，还用点心来加餐，如粽子、面衣饼、麦饼、团子、冷激面等。

吴地的小吃点心一般分为面食和米食，一般作为早餐、下午茶或者是筵席上的点心。面食主要有面条、大饼、馄饨、春卷等；米

图 4-2
浙江嘉兴蛋黄肉粽

食一般是用糯米和粳米磨粉加赤肉、绿豆、高粱或南瓜汁等，再加入糖、油，揉合后做成别具风味的赤豆糕、南瓜饼等食物。糯米粉还可制作糕团、汤圆、粢饭糕、米枫糕、斗糕、八宝饭等。吴越之地的糕点以工艺精细、造型美观而著称，代表性的有嘉兴莲子羹、杭州小笼包、绍兴千层饼、宁波汤圆、金华酥饼、温州鱼丸汤、舟山虾饺……南京夫子庙是吴越地区有名的小吃街。杭州在南宋时期因南北融合也形成了当地的小吃特色。宋吴自牧的《梦粱录·卷十三》记载："杭城大街，买卖昼夜不绝，夜交三四鼓，游人始稀；五鼓钟鸣，卖早市者又开店矣。"点心种类丰富，有糖蜜糕、灌藕、时新果子等上百种。

根据不同的时节和场合也有很多寓意不同的点心，春季有酒酿饼、大方糕，夏季有粽子、绿豆糕和薄荷膏，秋季有月饼，冬季有猪油年糕等。结婚时要做和气团、麻团和状元糕，寿辰时要做寿桃馒头，孩子满月和新房落成时要吃红圆，寓意新生活的开始。春节前有做年糕的习俗，糕有粳米做成的米糕，还会捏成元宝状；还有糯米粉和籼米粉做成的发糕，用红淀粉浇淋上喜字，以示喜庆；还

图 4-3
桂花糕

有垫好箬叶蒸成的实地糕和艾叶糕，因"糕"与"高"谐音，寓意新年步步高升。七月半时要蒸千层糕，通常作为祭祀祖先的祭品。莳秧时要吃菜花头干烧肉，寓意稻穗壮实。

（二）时令副食

色彩斑斓的饮食文化，深深渗透着民俗风情。吴越之民的饮食十分注重时令的变化，人们的副食往往随着一年四季的变化有所不同。水产的海鲜、河鲜和湖鲜，如鱼、龟、蛤、螺和螃蟹等，因口味鲜美深得食客青睐。渔民往往靠水吃水，而且愿意吃鲜鱼，银鱼和河虾捕捞之时，常有银鱼炒蛋、白虾炒蛋等菜肴。正月吃鲤鱼，二月吃鳜鱼，三月吃甲鱼，四月吃鳊鱼，七月吃鳗鱼，八月吃鲃鱼，九月吃鲫鱼，十月吃草鱼，十一月吃鲢鱼，十二月吃青鱼。著名的湖鲜有"太湖三白"，即太湖特有的白鱼、白虾和银鱼；还有"长江三鲜"，即鲥鱼、河豚和刀鱼。吴越先民因条件困难不能天天吃肉，因此有"定时当荤"的传统，即每逢初一、十五要吃猪肉，通常将猪肉用浓酱油红烧。除此之外，每逢招待客人和喜庆宴请时，往往要做"九大碗"或者"十二大碗"，即鱼、虾、鸡、猪俱全的大餐。以鱼、肉为主的家宴，分别俗称"鱼打滚""肉打滚"。鱼汤、红烧鱼是主要的家常荤菜。

除荤菜外，吴越之民还随季节的变化吃当季的蔬菜，主要有萝卜、青菜、苋菜、空心菜、冬瓜等，一般家庭以素食为主。蚕豆收获时，往往有炒蚕豆、油盐豆等菜。南京地区的人们爱吃野菜。野菜种类丰富，有荠菜、马兰头、枸杞头、苜蓿头、菊花脑、蒌蒿等，还有一些水生植物，如茭白、藕、芡实、茨菇和莼菜等。

(三)烹饪技术

中国古代十大名厨中,有三位来自吴越之地。一是太和公,为春秋末年吴国名厨,精通以水产为原料的菜肴,尤以"炙鱼"闻名天下;二是宋五嫂,为南宋著名民间女厨师,宋高宗赵构曾尝其鱼羹,赞美不已,于是奉其为"脍鱼师祖";三是董小宛,明末"秦淮八绝"之一,是一位技艺高超的家厨。她所烹制的菜肴不仅注重香、味等内在质量,也重视成菜的外观和颜色。

苏菜是中国八大菜系之一,以炖、焖、蒸、烧、炒见长,以"精、洁、俏、雅"著称,不刻意追求形、色,而是取其自然。在食物原料上注重蔬菜原味,认为它们最能体现清鲜之味,还能适当地运用香糟。"糟"本是带酒的溶渣,可除异味增加香味。苏菜有淮扬、苏锡、南京等支系,烹饪菜肴讲究味清淡醇和、浓淡有度。盐为主调味,糖为提鲜之用,对于味道的掌握也是因地而异。苏州、无锡、常州菜偏甜,其中苏州的松鼠鳜鱼、无锡的肉骨头都是酸中带甜的口味,相比而言,杭州菜相对清淡,宁波因靠海所以相对较咸。

荤菜主要有爆炒、红烧、清蒸和煎炸等烹饪方法,用葱、姜、酒等调味,加入百叶、笋和香菇等菜,也十分鲜美。2000多平方千米的太湖为姑苏美食提供了丰富的鱼资源,鱼类往往是现捕现吃,用活杀、活炝、清蒸和白煮的方法。《大业拾遗记》记载:"吴郡献松江鲈鱼乾鲙六瓶,瓶容一斗。作鲙法,一同鲍。然作鲈鱼鲙,须八九月霜下之时。收鲈鱼三尺以下者作乾鲙,浸渍讫,布裹沥水令尽,散置盘内。取香柔花叶,相间细切,和鲙拨令调匀。霜后鲈鱼,肉白如雪,不腥。"素菜制作方式主要有烧汤、炒和凉拌等。

肉类和菜品的腌制也备受人们青睐。人们用盐、酱等制作梅干菜、咸鸭蛋、酒糟鱼、火腿和腐乳等。渔民往往制作咸蟹、泥螺和糟鱼等，鱼类加工也有腌鱼、糟鱼和干鱼片等，便于储存而且取食方便，以备蔬菜淡季时食用。沿海渔民还有家庭制作酱的传统。靠海的宁波人喜食咸鱼、咸菜，并将其称为"压饭榔头"。

三、服饰

吴越地区最典型、最奇特的习俗是"断发文身，椎髻为俗"。所谓"断发"就是剪断头发；所谓"文身"就是在身上刺上花纹图案。中原的华夏族认为身体发肤受之父母，不得随意毁伤，也不能加以改变，皮肤与头发一定要保持天然状态，头发一长便束起来戴上帽子。古吴越人受远古氏族时代的图腾崇拜影响，加上生活空间濒临大海，且江河湖泊甚多，常要进行水中劳动，所以他们便将头发剪短，在头面身体各部位刺纹涂彩，以便恐吓"蛟龙"，"越人常在水中，故断其发，文其身，以像龙子，故不见伤害也"[①]。史载吴王寿梦朝周，听周公讲述三代礼乐："孤在夷蛮，徒以椎髻为俗，岂有斯之服哉？"[②] 南越王赵佗也"椎髻箕踞"而见汉使。

由于吴越之地农民的生产方式不同，服装也有不同的特色。人们早在四五千年前就用葛、麻、丝等编织出葛布、麻布和丝绸用于日常穿戴。从事水稻生产的农民穿用席草编制的"草裤"以及用竹

---

① 史记·卷三十一·吴太伯世家.
② 吴越春秋·吴王寿梦传第二.

片削制编成的"竹裤",可以将禾稻的茎叶挡住,以防划破或戳伤人的肌肤。耘稻时,人们给手指戴上用布缝的或用细竹篾编的"指头篮",以保护手指和指甲。

水乡民俗服饰具有浓郁的地方特色与稳定的传承特征,但由于季节的更替与温度的变化,不同时段的服饰具有明显的差异。男子的日常服装质朴、古拙,以用白和深蓝色土布缝制的对襟、立领的布衫为主,裤子为大腰、大裆裤,穿时打系带。冬天穿棉裤或套裤,穿土布袜和黑布棉鞋,冬天也穿蒲鞋。水乡农村妇女的服装有浓郁的地方特色,日常服饰分为肚兜、上衣、裤子(短脚裤)、漏裙、布袜、绣花鞋。其中,中青年妇女多穿拼接的短衫,即衣衫的正身、领子、前胸的右上襟和下半部,后背的下半部,以及袖子均用两种以上不同颜色的布或花布拼接,俗称"接衫"。穿上这种色彩对比鲜明的布衫,使中青年妇女显得十分俏丽。衣服多为棉麻质地,农户不仅可以自己种植原料,也可以自己纺织。吴越地区的印染业也十分发达,太湖地区最具特色的服饰当属蓝印花布衣,嘉兴一带的民间染坊很多,蓝印花布采用靛蓝印,石灰浆洗的方式,不仅成本低廉,而且耐洗耐用。明清时期,苏州服饰样式奇特,领江淮之先。《履园丛话》记载吴中地区"不论富贵贫贱,在乡在城,男人俱是轻裘,女人俱是锦绣"。吴地水乡妇女的礼仪服饰也十分引人注目,在重大节礼时吴越地区的人们往往身着丝绸材质的成衣。如婚礼当天,新娘子头上扎大兜,戴珠冠;内衣为粉红短衫,外衣为男方迎亲时送的"贴肉棉被夹裤",绸汗巾;外罩刺绣凤穿牡丹花样的花衣花裙。这些长衣大衫是不便劳动的,只有在重大礼仪场合才穿。

四、节事民俗

我国的节令体系在两汉时期已经基本形成，但吴越之地的节令庆贺在宋元以后随着人口的增加和经济重心的南移更为精彩、盛大。节庆是一年农业生产、喜庆娱乐的重要节点，是使人们的生活形成具有规律与节奏的文化活动，并且传承着重要的民俗文化。

古时的元旦为正月初一，为一年之首，来源于原始社会的"腊祭"，如今称作春节。彼时，"长幼悉正衣冠，以次拜贺，进椒酒，饮桃汤及柏，故以桃汤、柏叶为酒"[1]。春节时，要放爆竹，贴春联和倒"福"字，寓意新的一年吉祥如意。苏州、无锡等地要吃糯米制成的圆子、年糕；在苏州吴中区和相城区，以糖圆、春蚕为食，接待客人时要敬烟倒茶，茶中放两颗青橄榄，当地人称之为元宝茶。

农历正月初五吴越地区有接财神的风俗。古代农历正月初五是"开市"的日子，因而商家会热热闹闹地庆贺，以求新年财源广进，通常要奉香敬礼、燃放爆竹。据顾铁卿《清嘉录》载："正月五日，为路头诞辰，金锣爆竹，以争先为利市，必早起迎之，谓之接路头。"还有请伙计吃"财神酒"和吃面条的习俗，人们将面条比喻为串钱的绳子。人们还会在店里贴上"开张大吉""招财进宝"等吉祥语。商户会在店里设供桌，在供桌上摆整只猪、整只鸡、整条鱼，供上鲤鱼、羊头，挂五色彩线或者红布，并燃香点烛，烧纸放炮；渔民要杀公鸡，将鸡血滴在船头，并在甲板上设祭桌，祈求新一年的财运。

---

[1] 太平御览·卷二十九·时序部十四.

人们称农历正月十五为上元节、元宵节、灯节。从正月十三上灯至十八落灯，城市里举办灯会，小贩在街巷售卖各色花灯，家家户户也挂花灯装扮自家庭院，田间孩童们也手持花灯玩耍。南京地区举办的"三灯节"灯会十分著名，灯彩的品种繁盛，五光十色、造型多变，有八仙灯、三星灯和生肖灯等数十种。明代之后，南京灯会形成定制，灯会规模居于全国之冠。在绍兴，每至正月十三夜，家家户户便会搭竹棚悬灯，灯的种类有麦秆灯、料丝灯、羊皮灯、夹纱羊角灯等。元宵节还举办猜灯谜的活动，获胜的孩童会获得水果、元宵、糖果等小零食。每逢元宵节，人们要筛粉作圆，名"灯圆"，还要喝豆粥、吃糕。常熟地区的人们吃一种兜财馄饨，或设宴请客，谓之"元宵酒"。乡村妇女会在月圆之夜，请"厕姑神"占卜未来一年的吉凶。在义乌，四街各设竹棚、彩幛，悬灯其上。祠庙皆盛张灯，游观达曙。或以火药为锦树之戏。村落间，人们聚在一起载歌载舞或大声歌唱，称为"甩火把"，以祈祷风调雨顺。

立春，又名"正月节"，对于当地农民来说是一个非常重要的节气，要举办"拜春""鞭春"等仪式，庆贺春天的到来；还要举办隆重的"迎春"仪式，又称为"春牛会"。"春牛会"在旧时规模很大，由当地官员主持，家家户户都会把自家的耕牛清洗干净，然后为其披上五彩绸缎，举行盛大的祭祀和巡视活动。在现代，立春被称为"开耕日"，农家会把牛牵到地里，称之为"耕春"。有的地方还会烧樟树叶来驱害虫、祛湿气。

清明是吴越地区一年中气候最适宜、景色最清新的时节。寒食节在清明前一两日，为纪念介子推而设，其间禁烟火，只吃冷食，镇江著名的江脐儿就是因寒食节而产生的。

农历五月初五是端午节,这一天,吴地人纪念伍子胥,会稽人纪念孝女曹娥。端午节有赛龙舟、吃粽子、喝雄黄酒、挂香袋、系长寿线、用竹筒储米投江祭祀的传统。这些习俗在西晋周处的《风土记》等古籍中都有记载。《风土记》载:"仲夏端五,烹鹜角黍,端,始也。谓五月初五也。又以菰叶裹粘米煮熟,谓之角黍。"早在春秋战国时期,吴地就有龙舟竞渡的习俗,传说起源于越王勾践,但是当时吴地的龙舟竞渡还未与端午相联系。到了魏

图 4-4　端午节赛龙舟

晋，龙舟竞渡已经成为吴地端午节俗中的重要组成部分，龙舟竞渡的场面也十分浩大，仪式繁多而且花样复杂。西晋时，吴地民间还有端午系长寿线的习俗。

立夏也是吴越地区的重要节气，有尝新的习俗。镇江人立夏"尝八新"，"八新"即樱桃、新笋、新茶、新麦、嫩蚕豆、杨花萝卜、长江鲥鱼和黄鱼。苏州有"立夏见三新"的谚语，"三新"即樱桃、青梅、麦子。常熟立夏尝新的食物更为丰盛，有"九荤十三素"的说法，十三素包括樱桃、梅子、茅针、豌豆、笋、草头、玫瑰、松花、春蚕、蚕豆、苣笋、黄瓜、萝卜。

农历七月初七又称七夕节、乞巧节，是传说中牛郎织女相会的日子，民间有洒扫庭除、祭拜织女、祈祥求福等习俗。宋陈元靓《岁时广记》引西晋周处《风土记》载："七月七日，其夜洒扫于庭，露施几筵，设酒脯时果，散香粉于筵上，祈请河鼓、织女。言此二星神当会。守夜者咸怀私愿……乞富、乞寿，无子乞子，唯得乞一，不得兼求。"二星相会之时，人们便祈求许愿。七夕也被称为"女儿节"，每逢七夕，女孩子们都要置香案供瓜果甜点，陈列女红，拜星乞巧，祈求心灵手巧和婚姻美满。

中秋节为每年的农历八月十五，起源于嫦娥奔月的传说。在唐代之后成为一个正式的节日，有饮酒、赏月、吃饼食的习俗。《开元天宝遗事》中记载："玄宗八月十五日夜，与贵妃临太液池，凭栏望月。"宋代开始出现吃月饼的习俗，至元代末年广泛流传。苏式月饼外皮酥脆、内陷充实，有荤素、五仁和椒盐等多种风味。无锡人喜食自制的芝麻馅麦饼。每到中秋，街上游人如织。明张岱在《陶庵梦忆》中记载，苏州"虎丘八月半，土著流寓、士夫眷属、女乐声伎、曲中名妓戏婆、民间少妇好女、崽子娈童及游冶恶少、清客帮闲、傒僮走空之辈，无不鳞集……登高望之，如雁落平沙，霞铺江上。天暝月上，鼓吹百十处，大吹大擂，十番铙钹，渔阳掺挝，动地翻天，雷轰鼎沸，呼叫不闻"。由此可见当时盛景，真是热闹非凡。

重阳节起始于东汉时期，登高、插茱萸之类的习俗逐渐在吴地开始流行起来。《太平御览》引《风土记》载："九月九日，律中无射而数九。俗于此日以茱萸气烈成熟，尚此日折茱萸房以插头，言辟恶气而御初寒。"茱萸是一种常绿乔木，香气浓郁，有驱虫除湿、逐风邪、治寒热、消积食、利五脏等功效。每年农历九月初九重阳节时，当地民间便要采茱萸插戴于头上，亦有用茱萸制作香囊配戴在身上，以此来驱邪治病。重阳节有登高游赏、聚会宴享、饮菊花酒的习俗，各地都要吃方正小巧并染红色小点的重阳糕。

农历腊月二十三是祭拜灶神的日子，家家隆重祭拜，祈求灶神"上天言好事，下界保平安"。这一天也有掸尘的习俗，掸尘时要将房梁、墙角等处打扫干净，寓意除陈迎新、破旧立新。宋朝吴自牧在《梦粱录·卷六·除夜》中记载："十二月尽，俗云'月穷岁尽之日'，谓之'除夜'。士庶家不论大小家，俱洒扫门间，去尘秽，净庭户，换门神，挂钟馗，钉桃符，贴春牌，祭祀祖宗。遇夜则备迎神香花供物，以祈新岁之安。"有的地方还跳"跳蚤舞"进行庆贺。跳蚤舞原本是在海岛迎神和喜庆丰收之际表演的舞蹈，后来发展成农历腊月二十三祭灶仪式的舞蹈，以示辞旧纳新。

除夕之夜，民间俗称"三十晚上"，家家户户围炉而坐，称为"守岁"。日间要扫庭院、贴春联、烧年夜饭、祭祀祖先，以祈求平安吉祥。年夜饭是老百姓一年中最重视的一顿饭，最为丰盛。苏州称年夜饭为"合家欢"；常熟的年夜饭必有"四帽子一伞"，即四热炒和一暖锅；扬州的年夜饭必有安豆（豌豆苗），取"安安稳稳"的寓意。"糕"也是吴地年夜饭必不可少的一道佳肴，取"年年高升"的意思。

第三节 吴越传统村落的民间信仰

民间信仰源于人们对世间万物的神秘想象，往往与独特的地理环境息息相关。民间信仰有两个基本来源：一是远古时期社会生产力低下和人们认知能力有限，对大自然、人类自身产生的各种崇拜和禁忌的信仰；二是基于农业生产实际，对丰收、平安和美好生活的祈愿。吴越之地的民间信仰主要有对蚕、稻、鱼、鸟的农业信仰，对日、月、星辰的三光信仰及对风雨降临的龙王信仰。

一、蚕神信仰

兴盛的蚕桑业形成了久远的蚕桑文化。蚕俗中重视祭蚕神，蚕丝业发达的吴地乡村，专门建有"先蚕祠""蚕花殿"，供奉嫘祖，相传她是黄帝的元妃，教人养蚕织丝。也供奉蚕花娘娘，其形象是骑在马上的妙龄女子，因此也称为马头娘娘。有些地区称蚕神为"蚕姑"或"蚕三姑"，太湖流域每年皆以农历十二月十二为蚕花娘娘的生日。蚕妇们用红、青、白三色米粉做成圆子，如蚕圆、绞丝圆、茧篮圆、元宝圆等，用于供灶，并备酒菜，点香进行祭拜，以祈求赐予蚕花旺年。《吴县志》有"堂前列香烛，恭敬马头娘"的记载。

明清时期，"轧蚕花"是吴地祭蚕神的重要活动之一。当时，还有个不成文的规矩，未婚的男女青年总要往人堆里挤，人越多，挤得越热烈，预兆当年蚕事越兴旺，称之为"越轧蚕花越发"。清明前后，蚕农们扫蚕室，除尘糊窗，清洁蚕桑工具。在准备开始一年蚕桑生产之际，会专门请人表演扫蚕花地舞，祈求吉祥和蚕事丰收。表演者一般为女性，单人歌舞，另有人敲小锣、小鼓伴奏；场所多在蚕室内或农家正厅；艺人头戴蚕花，身穿红色上衣、红色百褶裙，脚穿绣花鞋，打扮得颇为喜庆。边唱民歌《扫蚕花地》，边做程式化的"扫地"动作，继而糊窗，用秤杆挑红绸，鹅毛掸蚁蚕，持扇扇火，捉蚕入匾，放蚕凳，采桑喂蚕，插稻草，抛蚕直到剥茧缫丝。最后，庆贺蚕事丰收，艺人高举蚕匾，东家女主人接过蚕匾，歌舞结束。

还有人在家中祭祀，在养蚕每道工序中都进行祭祀，有的供一碗白米粥给蚕神。据《续齐谐记》载，"蚕神"夜遇吴县张氏，说"正月半，宜作白粥，泛膏于上以祭我，当令君蚕桑百倍"。此习俗从南朝流传至清代，吴地的蚕娘们很喜爱这位纯朴、廉洁的蚕神，她们采用这种节俭的祭祀方式，祈求蚕神保佑桑茂、蚕好、茧丰。除此之外，蚕农们还在清明节备猪头、鱼、鸭、笋、藕、粽子等食品祭祀蚕神。这时往往以桑神庙为中心举办蚕花庙会，蚕农们云集在此烧香，还会有热闹的戏曲表演。

二、稻、鱼信仰

水稻和渔业是吴越地区最具特色的传统产业。民间以农历八月二十四为"稻"的生日，农家会将米粉做成糍团祭祀，村里会举办稻花会，在田里为稻神庆贺生日。人们还会在屋檐下放几个稻穗，称为"镇宅谷神"，有"门上有谷神，全家保安顺"的说法。一碗米掺稻柴灰做成的"灰米"可以去除晦气，小孩夜间哭闹或受惊发热，将一碗米置于枕旁，大人可呼唤"米仙人"来安魂呵护。新婚之喜时，用糯稻柴铺垫喜床，寓意夫妇和糯相爱；睡稻柴枕，可使新婚夫妇早生贵子，俗称"新婚枕新稻，早生乖宝宝"。吴地农家有"拾穗头"和"积谷瓮"的习俗，体现了对粮食的爱惜和节俭的美德，又具民间信仰的色彩。"拾穗头"是在已收割的田地里，捡拾遗落的稻穗，谚称"叩一百头，增一岁寿"；"积谷瓮"是在灶下放置一个小瓦，将残留的谷粒收进去。

在渔猎时代，鱼不仅是吴越先民的主要食物，也是吴越族群的崇拜物，以至成为族称、人名、地名，乃至国名。

古时，"苏""吴""虞"三字在甲骨文中是相通的。卫聚贤在《吴越释名》中认为："吴字即鱼字。"究其源，此三字均像"鱼"、从"鱼"，而"鱼"的古音至今仍保留在吴语之中。"苏""吴""虞"三字最初读"鱼"音，可能与吴地先民食"鱼"有关。吴越之民用"鱼莲"表达对爱情和婚姻的美好向往，如在新婚夫妇的枕套、帷帐上绣"绿叶红莲"和"双鲤戏水"的图样。逢年过节的饭桌上也一定要有鱼，寓意年年有余。

三、鸟神信仰

从古至今，吴越人的尊鸟、崇鸟习俗绚丽多彩，源远流长。最早，在中原人看来，吴越人是鸟种，被称作"鸟夷"，语言为"鸟语"，在《山海经·海外南经》中就有"羽民国"的说法，《淮南子·地形训》中亦有关于"羽民"的记载。而最重要的是，传说中鸟为农业发展带来了希望。《吴越春秋·越王无余外传》中说："禹崩之后，众瑞并去。天美禹德而劳其功，使百鸟还为民田。"舜禹时期，江南草木茂盛，开发程度低，耕作水平低，抵御自然灾害的能力弱，特别是保留种子的意识也弱，来年要找到野生稻或栽培稻的种子很难。经验告诉古人，只要到"百鸟还为民田"之处便可找到种子或种苗，这便是"鸟田"的来历。人们认为是群鸟啄食的"鸟田"带来了希望，改善了生活，由此才有了从野生稻到栽培稻的发展。因此，百越民族有云集"鸟田"、期盼百鸟耕耘"鸟田"、祭祀鸟神、崇拜鸟神的传统。《水经注》有"鸟为之耘，春拔草根，秋啄其秽"的记载，东汉绍兴人赵晔在《吴越春秋》中说，百越民族从先秦直到东汉时期仍然崇尚鸟神。

吴越先人尊鸟、崇鸟，把它们当作神灵来崇拜、供奉，并作为图腾、族徽。《拾遗记》记载："越王入吴国，有丹鸟夹王而飞，故勾践之霸也，起望鸟台，言丹鸟之异也。"越王勾践还专门造过

"望鸟台"。奉化一带，把麻雀当作谷神敬拜；钱塘江东南地区的百姓正月初一晚上要在天黑以前就寝，俗称"同鸟宿"；义乌一带视乌鸦为义乌，并直接作为本地之名。徐国保认为："崇鸟文化是吴越地区古代先民最具特色的习俗之一，它是该地区稻作农业文明历史长期发展和累积的结果。作为吴越地区古代物质文化和精神文化的一种特征，崇鸟习俗也影响着该地区的社会文化面貌，主导着吴越先民们的日常生活。"[1]

四、三光信仰

吴越地区是以水稻种植为主的农业区域，天气状况是人们关心的重点，普遍传承着"三光"信仰，即对日、月、星辰的信仰。

明代以前，吴越之民以农历二月初一为太阳生日，家家用米制作"太阳鸡糕"以祭祀太阳神。日食发生时，人们要聚集起来敲锣打鼓、放爆竹，赶走"天狗"以救护太阳。

吴越之民对月亮的崇拜历史也很久远，他们认为月亮娘娘可以保佑家庭的团圆和婚姻的美满，杭州西湖的三潭印月、苏州的石湖串月和无锡的二泉映月等建筑都是这一信仰的体现。中秋之夜还有"斋月亮"的习俗，家家户户在院子里设供桌，对月祭拜，虔诚祈福。苏南地区还有"走月亮"的习俗，女子们结伴而行或泛舟江上，轻声笑语，十分浪漫。

---

[1] 徐国保.吴文化的根基与文脉[M].南京：东南大学出版社，2018.

星辰崇拜在吴越地区十分普遍，人们崇拜的有北斗星、南斗星、福禄寿星和牛郎织女星等。此外，还有一颗特别受吴地民间崇拜的星辰，就是魁星。据顾炎武《日知录》载，"魁"本为"奎"，是北斗七星的第一星。东汉时，已有"奎主文章"的信仰；至宋代，魁星已是文人学士普遍崇信的星神；明清时期，吴地城镇多建有魁星楼、文昌阁，地方官员和文人学士隆重奉祀魁星，以祈求一方水土的文运昌盛，保佑学子科举夺魁。

吴地历来人文荟萃、英才辈出，这与民间重教育人的传统密切相关。寒窗苦读，科举进仕，经世致用，光耀乡里，是吴地知识阶层的人生理想和价值体现。对魁星的特别崇敬和格外信仰，正形象鲜明地反映了吴地文化的繁荣昌盛。

五、龙王信仰

龙是中华民族的象征。传说龙是腾云驾雾、吞云吐雨的天神，掌握着人间的降雨变化。吴越之地东临大海，河网密布，能否风调雨顺成为农业、渔业丰歉的关键。出于"求雨"和"治水"的迫切需求和对风平浪静、行船安全的祈祷，龙文化信仰尤为突出。

吴越地区的龙王庙星罗棋布，人们每逢年节都要到龙王庙磕头烧香，祈祷一年风调雨顺。尤其是在旱期，村落中组织成群结队的"请龙活动"，人们抬着龙王像在街上巡游，请僧侣法师举行隆重的求雨仪式，还请戏班表演以娱神，恳请龙王开恩施法，普降甘霖。

海上作业的渔民出海捕鱼前要先祭龙王，满仓归来要谢龙王，逢年过节还要请龙灯上船"盘舞"。沿海从事盐业的人们也祭拜龙王，希望龙王涨潮送水，使盐产量提高。沿江地区还有"放生"活动，人们把红纸或红线系在鲤鱼背上，让鲤鱼去跳龙门，以实现望子成龙的愿望。

封建社会后期，人们对龙王的信仰不断扩充，瘟疫发生时，人们结草为龙，在街头挥舞，以祛除瘟神；节庆时舞龙灯、赛龙舟等表演也是源远流长。

第四节 吴越传统村落的宗法礼教

一、宗族祭祀

先秦时代，平民最基本的社会组织是宗族村社，以血缘关系为联结纽带的宗族组织具有稳定社会关系、维持社会秩序的特殊功能。宗族的主要祭祀活动是社祭和腊祭，社祭祭祀的是社神，即土地之神；腊祭祭祀的是农神。

祠堂，亦称祖庙、宗祠，是祭祀祖先之所。祠堂祭祀制度是为维护宗族团结而发展起来的一种手段，对于维护以家族为核心的宗法制度和巩固政权，发挥过主要的作用。祠堂有大宗祠（始祖祠）、分支祠之分。有的同祖同地不同宗，各有宗祠；有的同祖同地不同支，各有分祠与堂名；也有不同姓氏共建一个祠堂的情况，只是比较少见。祠堂一般坐北朝南，三至五进，有一扇正门和两扇边门，前厅为戏台，后台略高，有天井院落，两边设置回廊；有厢房，为待客、宴聚、看祠人居住之所或者供本族孩童读书，族中人去世后的灵位都安放在此，且辈分有序。

对祖先的祭祀主要在祠堂中进行，明初士大夫一般按照朱熹《家礼》的规定，于正寝之东建祠堂。在祠堂中祭祀高、曾、祖、祢四世神主，而平民百姓仅在居室中祭祀祖父母、父母两代神主。后来这一规定不断被打破，人们祭祀的祖先数量逐渐增多。主持祭祀的人一般是族长（也称族正）和宗子，祭祀有春秋（清明、冬至）两祭，祭品祭礼均有明文规定。明代，地方志对祭礼的记载南方多于北方，南方的宗族势力盛行，尤以安徽、江西、福建为最。明代的祭祖礼制实际上是《家礼》的官方化。

新年之时，吴越地区有祭拜祖先的习俗，近代以来，祭祀主要有"三牲"，其中猪头摆在正中，左鸡右鱼，另有若干素菜、果品，上香点烛，三跪三叩。参加祭祀的人是族中满16周岁的男子，每逢祭祀或朔望之日，族人聚集。宗族以国家法令、族规家训、儒家伦理对族人进行教育和劝诫，祭拜祖先是一年中的大事。

一些名门望族的宗祠建设规模较大。吴氏始祖祠在无锡梅村，名泰伯庙，又称让王庙、至德祠。泰伯庙是吴地最大、最庄严的祠堂，始建于东汉时期，历代重修。1984年大规模重修，庙基4000多平方米，泰伯殿雄伟庄严，成为海内外吴氏宗亲寻根祭祖之所，也是爱国主义教育基地，为江苏省省级文物保护单位。惠山祠堂群在无锡惠山之麓，数年来，山水依旧，街巷未变，120多处祠堂分布于树木葱茏、小河流水之间，留存众多古建筑和碑刻、匾额、楹联等遗物、遗址，其中有60多处具有历史文化价值。这里的祠堂群精彩纷呈，展示着吴地祠堂文化之特色。

二、宗族礼仪

我国是传统的"礼仪之邦"，盛产名门望族的吴越地区也始终秉承"以礼化民"和"以礼造族"的礼仪思想。如无锡孟里孙氏在族规中有"家礼之作肇自朱子。吾辈诗礼之家，冠婚丧祭必照家礼行，庶不失故家大族气象"的记载。

（一）丧葬礼仪

中国古代，葬礼被视为最重要的习俗之一，出于对亡者的尊重、祖先崇拜以及遗产继承等问题，葬礼一般严肃而隆重。吴越地区的葬礼延续汉代习俗，分为葬前、葬礼和服丧三个阶段，深受儒家思想的影响。受佛教的影响以及出于在地少人多的地区火葬更能节省耕地的考虑，太湖地区盛行火葬。明朝初期，政府根据政治地位的差异设置了一整套葬礼等级制度，而且严禁僭越，对朝廷命官和庶人葬礼的仪式、程序和器具都有详细的规定，其中包含孝衣的颜色、材料、配置和棺椁的质地、漆色等。《庶民丧仪》记载："庶民袭衣一称，用深衣一、大带一、履一双，裙袴衫袜随所用。饭用粱，含钱三。铭旌用红绢五尺。殓随所有，衣衾及亲戚襚仪随所用。棺用坚木，油杉为上，柏次之，土杉松又次之。用黑漆、金漆，不得用硃红。明器一事。功布以白布三尺引柩。柳车以衾覆棺。志石二片，如官之仪。茔地围十八步。祭用豕，随家有无。"

另外，政府对葬礼出现的奢靡风气也予以禁止。安葬方式也遵循儒家思想，禁止火葬和海葬。对家穷和在外地者也给出了安置办法："古有掩骼埋胔之令，近世狃元俗，死者或以火焚，而投其骨于水。伤恩败俗，莫此为甚。其禁止之。若贫无地者，所在官司择宽闲地为义冢，俾之葬埋。或有宦游远方不能归葬者，官给力费以归之。"但明代中晚期之后，人们开始无视葬礼禁令，大肆铺张浪费，请僧侣做法事，诵经超度亡灵，请优伶表演戏剧，请匠人吹拉，血亲观念进一步弱化。但是守孝期间杜绝一切娱乐活动的规定没有改变，家中有人去世后，要向亲友报丧，数日入殓，丧事过后，每逢死者重要纪念日都要上坟祭拜。

（二）婚嫁礼仪

婚姻对个人和家族都是十分重要的。古代婚姻讲究"父母之命、媒妁之言"，传统婚礼有纳采、问名、纳吉、纳征、请期、亲迎六礼。宋代以来，繁杂的婚礼过程日渐简化，归纳为纳采、纳征和亲迎三礼。明代，有关婚礼的规定大体沿袭宋代，官宦之家仍用六礼，民间士庶则可简省。不过，特别强调不同社会等级之间的差别，不允许以下僭上、贵贱混淆，因而竭力提倡婚配的门当户对，严令禁止不问门第、专论聘财以及良贱通婚等现象。但到了明代中晚期，随着吴越地区商品经济的发展，朝廷的训令已成一纸具文，婚姻不问门第、只论钱财的现象比比皆是。

在苏州，男女双方定亲前要先交换"龙凤帖"，并同时送下"压柬礼"；定亲后，男方还应逢年过节到女方家探望。举办婚礼首先要"送日期"，即确定结婚的日期，并按约定的数量过礼，称为

"送大盘"，一般送银器首饰"半金六礼"或者金饰"全金六礼"。女方要置办嫁妆，其中有放好红鸡蛋、花生、桂圆等物品的子孙桶，用蓝印花布包好，寓意多子多福；还要有成双的被子，和合而叠，俗称"和合被"，被子里放上喜钱、糖果和红包。

新婚之日，男方派喜船或花轿迎娶新娘，船上要放一盘糕点、一条腿肉和一条大鱼。到了新娘家，新浪要付"开门钱"才可进门。新娘要拔七根头发，与新郎的头发合在一起，称之为"结发"。新娘外穿花衣花裤，脚穿绣花鞋踏在糕上，称为"踏蒸"；新娘脚不可落地，要踏在红布袋上，寓意"传宗接代"。新娘到新郎家要先拜堂，然后新郎、新娘牵红绿巾入洞房，由婆婆用甘蔗和秤"挑方巾"，然后要吃"千年和合饭"、喝交杯酒，闹洞房等。

明朝晚期之后，迎娶、送嫁穷奢极侈、大肆炫耀，这种现象在江南蔚然成风。传统信仰习俗中的巫术、祈禳、祭祀等在婚礼仪式中均有体现，吹拉弹唱，张灯结彩，热热闹闹。近代以后婚俗稍有简化。

（三）成人礼仪

成人礼仪是传统中国人一生中的重要仪式之一。在吴越，男孩子6岁有"授头顶"的礼仪，在孩子6岁那一年的农历七月初六举行：要在家中堂屋供星官马——玉皇大帝，准备香烛及面条、糕、饭、肉、鱼、豆腐、茶水、酒等；供桌边要陈放亲友赠送的银饰、衣物、文具、书包等；还要给孩子理发，表示孩子即将离开父母的庇护，开始接受教育。孩子上学之后，还有家长向学堂里的老师和同学送"学堂饼"和"和气汤"的习俗，希望自己的孩子与同学能和平共处、保持情谊。

男子在成年时加冠，主要是加上具有象征意义的冠帽并换上相应的新衣，是一个人由儿童成长为成年人的重要转折。成年礼大多遵循古人"士之礼"进行。据《明史·礼八（嘉礼二）》记载，庶人15至20岁都可进行成年礼，"凡男子年十五至二十，皆可冠"。进行加冠礼时要身着华服，亲朋好友俱在堂下："设盥于阼阶下东南，陈服于房中西牖下。席二在南，酒在服北次。幞头巾帽，各盛以盘，三人捧之，立于堂下西阶之西，南向东上。主人立于阼阶下，诸亲立于盥东，儐者立于门外以俟宾。"礼仪程序也十分繁杂："冠者拜，宾答拜。冠者拜父母，父母为之起。拜诸父之尊者，遂出见乡先生及父之执友。先生、执友皆答拜。宾退，主人请礼宾，固请，乃入，设酒馔。宾退，主人酬宾赞，侑以币。礼毕，主人以冠者见于祠堂，再拜出。"男子行成年礼之后，就可以享受成人的政治经济权利，可以参加祭祀、餐饮，可以谈婚论嫁，也要负担起家族的责任。

女子及笄礼由母亲为女孩挽发簪、插簪，梳成人发式，在近代吴越地区被称为"授头发"之礼，由母亲为女孩修面，然后解开长发辫，改梳成妇女的发式，扎包头巾，穿上新衣，表示她要参加成人劳动并可以结婚。但近代之后成年礼的习俗逐渐消淡。

三、乡规民约

吴越地区经济发达，文人名士荟萃，乡规民约体系十分完备，是我国古代家谱编撰最完整的地区，也是全国范围内家族文献传世最丰富的地区。乡规民约的形式主要有"宗谱""家训""家诫"等，家规、家训修谱按旧例30年一修，谱规要根据宗法原则和本族传统，集体公议，制订凡例及谱禁等。维护国家统治和维持宗族秩序是乡规民约的两大重要任务。乡规民约主要内容有四个方面：

一是维护国家统治。明代时期，浙江是乡约与宗族结合明显的省份，按照官府颁布的《四礼图》要求族人。宗族设立"宗约堂"，为约正、约副处理词讼之所。族人若有田土争执之事，可先向宗约堂投诉，由约正、约副会同族长处理。而对于行为不轨的族人，则要在家庙重治惩罚，并将不服者送官惩治。

二是宣传传统道德和封建礼教，树立家族成员的行为规范，由族中尊长或有名望的人士对族人进行道德教化。教化的内容颇为广泛，既有安身立命、为人处世的道理，也有宗族日常生活和人际关系的准则，内容大体是父慈子孝、防火防盗、戒淫戒赌、完粮纳税、守望相助等。多以开导、劝诫的口吻述说，重在人品、情操的培养，并不具有强制性。华亭人陆树声的《陆氏家训》涉及守护祖墓、孝敬父兄、和睦宗族、教导子弟、谨慎交友、男女婚嫁、置买产业各个方面，如"宗族睦则本妥自固，兄弟和则外侮不生""子弟之资禀不同，性行亦异，在贤者无论已，即使不孝，为父兄者当提撕之以教言，表率作用之以操行，涵育熏陶以善养之"等。

三是禁令和发展规定。通常根据家族实际列出专项禁规，如山林禁火、祖坟禁牧、集体禁猎禁渔等，违规者一般罚以出资邀请戏班演戏酬神。在职业发展方面，希望族人学习儒学，鼓励族中务农者勤俭，务农者可为工商，但为工商者不能学习医卜等术。这些随着时代的发展也有很多变化。

四是文化教育。吴越之民十分注重教育发展，视教育为家族振兴和发展的重要基础。乡规民约中对教育经费的来源有着明确的规定，有专门的学田制度，即使在家族面临经济、政治危难之时也绝不松懈教育。《无锡陡门秦氏宗谱》卷二《家训》说："三日勤读书，变化气质，陶淑性情，惟典籍是藉。操之在己，达之在天。勿恃富而惰学，勿不第而丧志，勿以困苦而辄止，勿以明敏而荒疏。苦心力学，自能达其道而行其志。"

四、乡贤文化

乡贤是出生于本地而德业、学行可为乡人楷模者。乡贤文化发轫于朴实心底，根植于乡村沃土，又广为村民所推崇和需要。吴越地区经济发达，尤其是明清之后逐渐成为全国的经济重心，因而名流之士遍布，人们或入仕，或经商，或耕作。乡贤文化依附强烈的地缘、血缘、亲缘关系而生长，包含着特定场域内的风俗、人情、道德、礼法、情感、习惯及信仰，对乡民的言行有着积极的引领作用，是我国千百年来乡村治理经验与智慧的宝贵结晶。

乡贤文化与乡村发展是相互促进的关系，明清以来，吴越之地因经济、教育及文化水平较高，在科举考试日益成熟的时代，经过几代的努力，产生了众多的科第望族，如华亭徐氏、云间陆氏、镜川杨氏等。史载"科目之设，唯吴越最为盛"，范金民认为在明代共举行的89科考试中，录取进士24866人，江南府共上榜3864人，约占总数的15.5%，尤其在明代最后一次殿试考试中，江南府中进士的人数占到全国总数的 26%。[①] 普通学子以优秀前辈为榜样，众多进士学子学成入仕之后对家乡的教育更是不遗余力地贡献力量。

在吴越地区，范仲淹就是备受尊敬的楷模，他资助义庄，在家乡创立学校，并为学校捐献了个人的财产和住宅，兴东南尚学之风。在他的表率之下，很多声名显赫的乡贤纷纷为家乡教育捐资出力，甚至有专门作为经费的学田。学田所得全部用于教学开支，包括塾舍的修建和维修，教学设备的更替，尤其是对贫困的族人更是进行捐助，从而促进家族教育水平的发展。除了经济捐助，还有众多的饱学之士也为教学水平的提升做出了巨大贡献：一是学问教育，重视早期教育、兴办家族书院和私塾，注意通过优秀案例带动其他族人共同奋进；二是品格教育，对亲属子弟的为人、为学和为官多加劝导，不注重官场升迁，而是以品格作为评判的标准，培养人的气质，因此吴越子弟多是不惧权势的清廉之官；三是挫折教育，曾任明朝首辅的徐阶曾因上书言事遭到权贵的排斥，其叔父劝导他不要在意一时的得失。

吴越地区注重传承、前后勉励，逐渐形成了很多闻名天下的书香世族。乡镇有祠祀乡贤的传统，希望通过对乡贤的表彰，激励乡人追随其后。乡贤祠祀的历史悠久，但基本属于民间私祭。但在明清时期，乡贤祠祀逐步普遍化，王朝政府通过有关乡贤祠祀的制度安排与地方祠祀系统的结构调整，实现了对地方乡贤祠祀的儒家"正统化"改造，使之从地方私祭转而纳入国家祭祀体系，这很大地维护并重建了乡贤祠祀的公信力与权威性。

[①] 朱志先. 长江流域的科举万象[M]. 武汉：长江出版社，2015.

第五节
吴越传统村落的民间技艺

一、绘画

吴越地区的绘画艺术源远流长，东吴时期天竺高僧到访建业时曾展示"西国佛画"，吴兴（今浙江湖州）人曹不兴仿照创作，开了佛画的先河，被誉为"佛画之祖"。曹不兴善画人像、佛像、龙虎等，他在屏风上所画的黑蝇使孙权信以为真，可惜他的画作今皆散佚。东晋时期，随着永嘉之乱后晋室南渡，饱读诗书且精通书画的北方名门士族来到南方，推进了南方文化教育的发展。吴越地区的青山秀水、幽林翠竹也为画家们提供了创作的题材。出身名门的顾恺之一生博学多才，世人称之"才、画、痴三绝"，与曹不兴、陆探微、张僧繇合称"六朝四大家"。他擅长画肖像、禽兽、山水等，以人物肖像见长，刻画细致传神、入木三分，并受魏晋风度和玄学影响，画风飘渺俊逸，成就极高，画作《女史箴图》《洛神赋图》成为后代画家的典范，但未有真迹传世。

唐代早期，画家大多活动于北方，吴越地区主要有吴郡（今江苏苏州）的张璪，他擅长画山水、人物，尤其是以松石著名。据宋代书画家米芾《画史》记载，张璪之画"近溪幽湿处，全借浓墨烟"。至唐中晚期，水墨山水画兴起，五代时期的滕昌佑在园中种植各种名花异草用以写生，他独创应物象形的画法，画作颜色鲜艳，宛有生意。南唐时期的统治者都十分喜爱文艺，在都城江宁（今江苏南京）设立画院，礼遇画士，授以高官厚禄，使天下饱学之士纷至沓来，一时成为全国绘画中心之一。南宋时期，吴越的优秀画家进入朝廷画院。宜兴人吴炳擅长画花果和禽鸟，昆山的毛松、毛益、毛允昇祖孙三代擅长画翎毛、花卉，仪征人胡彦龙擅长画人物、天神等。

元代蒙古族在北方建立政权，吴越地区的南人因社会地位低下而难以入仕，因而多归隐山林，以书画寄情，故吴越地区流行文人山水画。在写意作风上不追求宏丽与壮观，而是崇尚幽寂枯淡的新画风。常熟的黄公望、无锡的倪瓒与浙江的王蒙等自创一家，将山水画推向新高峰。黄公望所绘《富春山居图》以浙江富春江为背景，用墨淡雅，比例恰当，干湿并用，极富变化，被列为中国十大传世名画。黄公望得南宗山水画的真传，将山水画创作和理论写成《写山水诀》一书，对明清画家都有着极其深远的影响。倪瓒善诗文书画，尤其擅长山水画。他经常游览于太湖之滨，擅长绘萧疏平远的江景。

明代初年，朱元璋建都应天府（今江苏南京），江南地区被誉为"天下文枢"，是全国的文化中心。明初至嘉靖年间，以常熟吴伟和杭州戴进为代表的浙派因其细密精致且华丽壮阔的画风在画院中最为著名，十分受赏识。明中叶至万历年间，以苏州为中心形成了吴门画派，代表人物为沈周、文徵明、唐寅和仇英，被称为"吴门四家"。吴门画派深受古典艺术影响，以"变宋化元"的美学取向代替了浙派的地位，成为文人画的中心力量。沈周出身书画世家，一生优游泉林，吟诗作画，其画汲取宋画的充盈布局又摒弃了绮丽逼真的做派，在宋元画的基础上不断发展。唐寅被称为"南京解元"

和"江南第一风流才子",画作以山水画为主,造景雄壮险峻或平远清幽,因作品中弥漫书卷气而备受推崇。明代晚期,政治黑暗,财政不济,宫廷画日渐衰微。吴门画派的传人董其昌在南京松江形成松江画派,他一生致力于书画研究,注重在吴门画作的基础上进行锐意变革与创新。

清代初年,统治者出于喜爱汉族文化和维护统治的需要,在京城设立画院,征召名家,扶持绘画艺术事业。因此与吴门一脉相传的"四王"王时敏、王鉴、王原祁、王翚显露头角,太仓的王时敏、王鉴、王原祁形成娄东派,常熟的王翚形成虞山派,两派崇尚摹古之风,在清代并立而行。虞山派的吴历艺术造诣也十分高,画风清穆高冷,笔风细密清雅,曾居住在澳门,所以绘画中也参用了西画之法。常州的恽南田、马元驭等形成常州派,多绘花鸟,笔风柔美清丽,画法以水墨着色晕染,花瓣浓淡响应,款款有生气。"四王"与吴历、恽南田也并称"清六家"。清代中期,以郑燮、汪士慎等人为代表的"扬州八怪"形成扬州画派,积极提倡具有鲜明个性的艺术风格,笔风豪爽泼辣、不拘一格,注重"意"与"情"的表现。清末道光年间,上海开埠后,吸引多方艺术家到来,将文人画传统、民间美术技艺和西洋画法相结合形成海上画派,其中以"三吴一冯"为代表。

而吴越地区的民间美术也十分兴盛。年画是中国传统民间美术,唐宋以来随着木版印刷技术的普及促进了木版年画的产生和发展,南宋以后已经十分普及。明中叶以后,苏州的桃花坞年画作为吴越年画的代表,广泛流传,被称为四大年画之一。桃花坞年画的主要题材有祈求吉祥、辟邪纳福、小说戏曲①等，深受人们喜爱。

二、书法

吴越地区的书法最早可追溯到东汉。魏晋时期多种书体交相发展，大一统汉朝雍容端正的隶书逐渐被简洁方便的章草代替。西晋陆机出身世家，他的书法清流俊雅、点化苍劲，所作《平复帖》用秃笔写就，体近似章草，是隶书向今草过渡的书体，该帖留存至今，是现存最早的吴越地区的书法名篇，还有晋朝的张翰、南陈的顾野王也都卓有成就。唐代时期，草书得到进一步发展，变"今草"为"狂草"，苏州张旭创立狂草书体，运笔连绵回绕，气势磅礴，被称为"草圣"，传世墨迹有《古诗四帖》《千字文》等。唐代还有以行草著称的陆柬之，晚年以行书体写成《文赋》，有"超逸神俊"的美誉，传世墨宝还有《兰亭诗》等。苏州的孙过庭也擅长草书，他变化出新，撰写《书谱》对运笔进行了全面论述，总结出"执、使、转、用"的运笔方法。宋代时禅宗盛行，书法家在传承晋、唐的传统下，打破唐代法度，专注意趣，强化表现，以"尚意"的主题开拓创新。主要表现在范仲淹、范成大的作品当中，范仲淹擅长楷书和行书，笔风自然清劲，黄庭坚赞其"落笔沉着痛快，极尽晋宋人书"。元代书法有复古之意，追求晋唐风韵，批判宋代大家的书法，吴越地区的著名书法家几乎都同是画家，书法与

---

① 姜彬.吴越民间信仰民俗[M].上海：上海文艺出版社，1992.

题画相结合称为元代书法的显著特点。赵孟頫认为南宋书法丧失传统，因而主张复古，学习先秦、汉晋的书法名篇，一日书万字，书风端丽妩媚、笔力沉着，传世墨迹有《洛神赋》《道德经》等。明代的帖学十分兴盛，明中叶以后，随着经济的发展和文化专制政策的松弛，各个流派的文人不分尊卑相互交流，在古代优秀书法传统中汲取营养，产生了祝允明、文徵明和王宠三大书法家。祝允明被列为"吴中四大才子"之一，自幼练习古人的楷、行、草等书，并敢于突破创新，尤其以狂草书最有成就，被誉为"明代狂草第一人"，有"奔蛇走虺，骤雨旋风"之势，存世墨迹有《草书诗翰卷》《草书唐人试卷》等。

三、刺绣

苏绣是以苏州、吴县为中心的苏南刺绣，与湖南湘绣、四川蜀绣和广东粤绣并称中国四大名绣。苏绣最早源于吴越先民"断发文身"的习俗，江南地区发达的蚕桑业为苏绣创造了良好的条件。西汉刘向在《说苑》中记载春秋时代"吴人拯舟以逆之，左五百人，右五百人，有绣衣而豹裘者，有锦衣而狐裘者"，可见当时吴国贵族就有身着绣衣者。

据考古发现，江苏地区的汉墓中出土绣衾残片，且画幅完整、图案精美，孔雀、凤鸟、祥云等图案十分精美。1956年，在苏州虎丘灵岩寺塔上发现的五块绣花经帖包，来自五代至北宋初期，运用了铺针、斜缠针、接针等，能运用三线晕色，绣工精细，图案秀丽，是迄今发现最早的苏绣作品。1972年，浙江瑞安慧光塔发现的北宋时期团鸾经袱绣工精细、图案秀丽,正反针法一致,是我国刺绣史上最早的双面绣。宋代刺绣技艺日渐成熟,受绘画艺术发展的影响,苏绣也开始以书画为绣稿,作品也从衣物、生活用品的装饰逐渐转变为一种独立的艺术形式。明代张应文所著《清秘藏》记载"宋人之绣,针线细密,用绒止一二丝,用针如发,细者为之,设色精妙,光彩射目,山水分远近之趣,楼阁得深邃之体,人物具瞻眺生动之情,花鸟极绰约嚵唼之态,佳者较画更胜,望之生趣"。可见宋人绣艺之高,已经趋于成熟。元代的苏绣艺术整体上不如宋代,仍有待提高。

明代,江南成为丝织手工业中心,成为皇室的绣品专供地,朝廷在苏州设置织染局绣作,集中进行绣品生产。明中叶以后,苏绣更是走入千家万户,不仅城中闺阁中的大家闺秀人人习绣法,而且农村家家都以刺绣为副业,苏绣商品绣发展成重要行业,从业者与日俱增。正德年间,户部尚书王鏊在其主编的《姑苏志》中称苏州绣有"精、细、雅、洁"的特点。清代苏绣在明代基础上又有了新发展,其品种之多、针法之精、技艺之湛、应用之广达到了古代社会的鼎盛时期。清朝在苏州设立绣局,为帝王与后妃缝制华丽精美的服饰以及仪仗、室内装饰与配饰等绣品,为体现至高无上的皇权,在风格上形成富贵、华丽的特点,追求细致复杂的创作,精工细作、不计成本。苏绣也大量进入市场,苏州被誉为"绣市",同治、光绪年间形成人和瑞、人和震等100多家品牌,各绣工各有所长。民间刺绣广泛应用于服饰、戏服、鞋面以及被面、枕头、靠垫、帐幔等家居用品,香包、扇子等生活用品中。光绪年间,沈寿因绣艺精湛闻名于苏州绣坛。直至近现代,苏绣形成了仿真绣和乱针绣两大流派。

20世纪初，西学东渐，西洋画也被引入刺绣艺术中，以沈寿为代表的苏绣艺人吸收了西洋画"求光""肖神"的优点，融合到传统刺绣艺术中，创造了"仿真绣"，将苏绣技艺提高到了崭新的水平。杨守玉在传统针法上吸收了素描与钢笔的笔触，油画的色彩，创造了线条长短不一、交叉重叠的"乱针绣"，具有针法活泼、线条流畅、层次感强的优点，是几千年来传统刺绣的重大突破，是中西美术结合的一大成就。为了培育刺绣人才，苏州、无锡等地开设了刺绣传习所、绣工科等，20世纪60年代成立了苏州刺绣研究所，为苏绣艺术的发展与传播贡献了力量。苏绣作为吴越文化的重要组成部分，历史上一直以乡村为重要产区，苏州市郊木渎、光福等地将刺绣作为重要产业，太湖之滨的镇湖镇将苏绣作为主导产业，荣获"江苏省民间刺绣之乡"和"中国民间艺术之乡"等称号。

四、曲艺

吴地戏曲源远流长，逐渐形成了各具特色的昆剧、越剧、锡剧、苏剧、沪剧等十余个剧种，还有丹剧、湖剧、奉贤山歌剧、滑稽戏、歌舞剧、评弹等。

其中影响最大的是昆曲，昆曲原名昆山腔，清代称昆曲，20世纪初开始称昆剧。昆曲发源于苏州一带，被称为"苏州戏"，形成于元末明初之际，流行于江苏昆山。最早出现的是元末明初音乐家顾坚所创的"昆山腔"。据《南词引证》记载："（顾氏）善发南曲之奥，故国初有昆山腔之称。"其是一种以南方方言为基础的南曲声腔，唱民间的清曲和小唱。嘉靖、隆庆期间，戏曲家魏良辅总结北曲艺术的成就并精研南曲，改革昆山腔使其更加委婉动听，吸取了海盐腔、弋阳腔等南曲的长处，又吸收了北曲结构严谨的特点，建立了更为细腻的昆曲新声，号称"水磨调"，音乐伴奏在弦、索之外增加笙、萧、笛、琵琶等乐器，从此昆剧走上历史舞台，魏良辅被后人誉为"昆曲之祖"。之后昆山音乐家梁辰鱼将《吴越春秋》改成《浣纱记》获得巨大成功，使其戏剧色彩浓郁，故事趣味强。

昆剧最早流传于昆山、苏州一带，明万历年间后以苏州为中心扩展到长江以南和钱塘以北各地，经扬州进入北京等大城市，并进入宫廷。此外，还流传到广东、福建、江西、湖南、湖北等地，并在河北等地形成北昆。昆剧有家庭戏班和职业戏班之分，表演风格抒情性强且动作细腻，歌唱与舞蹈结合得巧妙和谐，唱腔华丽，在演唱技巧上注重对声音的控制，念白儒雅，舞蹈飘逸，布景优美。晋剧、湘剧、川剧等地方剧种都受昆剧艺术的影响，因此昆剧被称为"百戏之祖"。清乾隆年间，昆曲发展进入全盛时期，并独霸梨园，绵延发展六七百年。

越剧发源于浙江绍兴地区的农村，以民间说唱艺术"落地唱书"为基础，融合余姚鹦歌和湖州滩簧发展而成，早期以业余"小歌班"为主，逐渐发展形成职业歌班，在桐庐、富阳、海宁等地演出，剧目日益丰富，大多是反映农村生活的小剧。20世纪初，"小歌班"进入上海，吸收了绍剧的传统剧目和表演艺术、京剧的服装和动作，得到显著发展。随后开始由男性演员在茶楼以"绍兴文戏"开展演出，有《双珠凤》《三笑姻缘》《珍珠塔》等大戏。1923年，知名演员金荣水等训练第一批"文武女班"并举行公演。1938年，"绍兴文戏"改称"越剧"。1943年，著名演员袁雪芬在上海组织雪声剧团，开始建立正式排演制度，使越剧成为编、导、演、音、美相结合的综合艺术表演形式，丰富了越剧唱腔。在剧目方面推陈出新，不仅整理出《琵琶记》等传统剧目，而且根据历史和民间传说编排出《木兰从军》《万里长城》《国破山河在》等新剧。在演唱艺术上，也形成了众多流派，如花旦中的袁派、傅派、戚派；小生中的范派、徐派、尹派。他们各有所长，表演真切细腻。

五、造园

园林是一种综合的造型艺术，由建筑、山景、水景、花木等众多景观要素组成，有着高雅的审美情趣和丰富的内涵。园林发展得益于吴越地区优越的自然条件、人文环境和经济实力。吴越地区全年温暖湿润，水网纵横，多低山丘陵，树木繁茂，山清水秀；康熙皇帝称吴越地区"东南财赋地，江左人文数"，吴越地区文人荟萃，而且农业、商业发达，商贾人家实力雄厚，家境殷实，喜好游览且有能力建造私家园林。童寯先生在《江南园林志》中云："吾国凡有富宦大贾文人之地，殆皆私家园林之所荟萃，而其多半精华，实聚于江南一隅。"[1]

早在战国时代，吴王阖闾就曾建造园林，"自吴王阖庐造九曲路以游姑胥之台"[2]，姑苏台是依托原本的自然山水稍加改造的建筑，但十分简单和粗放，有别于北方统治者建造的"灵台""鹿台"这

---

[1] 童寯.江南园林志[M].北京：中国建筑工业出版社，1984.
[2] 学海类编·吴风录.

种规模宏大的拜神祭祀场所。姑苏台设有许多游乐设施，"上建春宵宫，为长夜之饮。又作天池，池中造青龙舟，盛陈音乐，日与西施为水嬉"[1]。东晋时期，园林艺术不断发展和进步，吴越地区门阀士族林立，官僚士大夫已经不满足一时的游山玩水，也困于跋山涉水的旅途艰辛，因此乐于建造私家园林。园林的形态特征主要是微缩版的自然山水，是山石与水的结合。最早是在庄园经济的基础上就地兴建的，将自然山水稍加修整建设，称为庄园。此时的私家园林以建康、苏州和会稽为主。东晋的丞相王导建立西园，"导置之西园，园中果木成林，又有鸟兽麋鹿，因以居文焉"[2]，南梁官员徐勉晚年建造园林，园中"桃李茂密，桐竹成阴，塍陌交通，渠畎相属，华楼迥榭，颇有临眺之美；孤峰丛薄，不无纠纷之兴。渎中并饶菰蒋，湖里殊富芰莲。虽云人外，城阙密迩，韦生欲之，亦雅有情趣。"[3]

隋朝时随着政治中心的北移，吴越地区的园林不再有昔日风采。大运河开通后，扬州成为交通枢纽，受到隋炀帝的重视，以扬州为中心的私家园林重新恢复并发展。由于大运河的兴盛，苏州也得到发展，唐代白居易任姑苏太守时也乐于游园，"白居易治吴，则与容满蝉态辈十妓游宿湖岛"[4]。隋唐时期的园林主要仿照皇家园林的风格，大多豪华大气。唐末战乱频仍，但吴越地区在政治和经济上始终维持安定平稳的态势。

---

[1] 任昉. 述异记[M]. 长春：吉林大学出版社，1992.
[2] 晋书·郭文传.
[3] 梁书·卷第二十五·列传第十九.
[4] 学海类编·吴风录.

南宋定都临安（今浙江杭州）后，吴越地区的商品经济、文学艺术又得到进一步发展，对造园艺术产生了强烈的影响。随着越来越多的官僚、文人、地主住进城市，江南一带出现了很多中小型私家园林，遍布西子湖畔、会稽山麓、太湖之滨、瘦西湖岸，造园技术也有很大提升。其中计成所著的《园冶》是我国古典园林创作技法的经典之作。吴越地区的造园热潮领先全国，其中较为著名的有西湖边平原郡王韩侂胄的南园，权相贾似道的水乐洞、水竹院落、后乐园等。据《梦粱录》记载，临安私家园林有百余处之多，西湖一带有16处之多。元代时，吴越地区的经济和文化受到重创，园林艺术发展缓慢，但延续了宋代的造园思想，有锦春园、狮子林等优秀作品。明清时，吴越地区的古典园林从兴盛走向了鼎盛。

图 4-5　扬州瘦西湖

至明代，几乎家家垒石并蔚然成风，明人黄省曾在《吴风录》中记载"至今吴中富豪竞以湖石筑峙奇峰阴洞，至诸贵占据名岛以凿，凿而嵌空为妙绝，珍花异木，错映阑圃，虽间阎下户，亦饰小小盆岛为玩，以此务为饕贪，积金以克众欲。而朱勔子孙居虎丘之麓，尚以种艺垒山为业，游于王侯之门，俗呼为花园子"。明清园林以私家园林为主，面积从一亩到数十亩不等。造园时注重景色的设计和意境的打造，园中亭台楼阁玲珑精致，水流清澈曲折，石林瘦、皱、漏、透，花木形态各异、香丽典雅；造园时还重视掇山、叠石、理水等创作技巧，突出山水自然之美，富有艺术情趣。

吴越地区的古典园林有三四百个，主要分布在苏州、扬州、南京等地。其中拙政园为江南园林的代表，也是苏州园林中面积最大的古典山水园林。拙政园建于明正德年间，布局疏朗自然，水面广阔，构成了一幅幽远宁静的画面，代表了明代园林建筑的最高水平，被誉为"中国园林之母"，为中国四大名园之一，全国重点文物保护单位，国家 AAAAA 级旅游景区。扬州的私家园林也十分兴盛，建有个园、片石山房、东园（贺园）等，扬州曾有"园林甲天下"的美誉，并沿河修建形成瘦西湖园林群，犹如一幅美丽长卷，曾受到乾隆皇帝的巡幸。

六、陶瓷

属于吴地的江苏省宜兴市，盛产陶土和木柴，自古就是著名的陶瓷产地，素有"陶都"之称。西周及春秋战国时期主要生产几何印纹硬陶和原始青瓷。东汉时期，在宜兴丁蜀镇的周围，已经形成了以生产釉陶为主的窑场。考古发现，丁蜀镇附近的汉代窑址有16处，主要有红陶、灰陶和原始青瓷3种，以灰陶为主。器形有罐、壶、瓮等大型瓷器。陶罐的装饰主要有粗弦纹和细弦纹，纹饰有水浪纹、斜方格和叶脉纹等。汉代的陶土原料较原始社会已经有了极大改进，使用单一原料，粉碎后加水捏练，瓷器胎面呈青灰色，较为致密。胚体采用轮制，以慢轮拉坯成型，胎壁比较薄，器形规整，制作十分精巧。魏晋南北朝时期，宜兴成为著名的青瓷产地，烧制越窑系青瓷，其中丁蜀镇附近的均山窑最为著名，主要有钵形器、盆形器、壶形器和罐形器以及少量的盂、瓶等。到了隋朝及唐代初期，受战乱影响，制瓷业曾经有过一段时间的衰落，中唐之后宜兴青瓷又取得了新发展，从唐代中叶到五代十国，是宜兴烧造青瓷的高峰时期。南唐之后，以浙江余姚为中心的吴越国官窑兴起，从宋代起宜兴就不再生产青瓷，而是集中力量烧造日用瓷器。

中国传统村落文化抢救与研究

文化区系列

Chinese Traditional Villages

第五章

吴越传统村落保护

第一节
吴越传统村落保护现状

一、分布状况

自 2012 年住建部、文化部（现文化和旅游部）、财政部等部门公示中国第一批传统村落名录（以下简称名录）以来，截至 2019 年，我国合计公示了五批 6819 个传统村落。吴越文化区列入名录的传统村落众多，了解其空间分布情况，一方面有助于揭示传统村落的分布规律，另一方面有助于在一定程度上掌握传统村落的保护状况。

（一）从在全国的分布看

利用住建部、文化部、财政部等部门公布的第一批至第五批合计 6819 个传统村落数据，采用 ArcGIS10.2 软件中的核密度分析方法，以中国省级行政单元为分析范围，通过迭代实验，计算了 50 千米、60 千米、70 千米……150 千米等同一搜索半径下中国第一批、第二批、第三批、第四批、第五批，以及第一至五批汇总传统村落的核密度，结果表明：不论是分批次还是第一至五批的汇总，吴越地区都是一个传统村落的核心分布区域，尤其集中在安徽、江西、浙江三省的交界地带，浙江和福建两省交界地带，以及黄山、宣城、杭州、衢州、上饶等地。

（二）从在文化区内的分布看

利用住建部、文化部、财政部公布的第一至三批中国传统村落名录名单，采用吴越文化区内241个传统村落数据，在考虑方言、风俗、建筑风格等文化因素的基础上，将其分别归入3个文化亚区：吴文化亚区、越文化亚区、新安文化亚区。之后，根据不同区域的自然环境因素和人文因素，将这些传统村落又归入12个传统聚落景观区。

表5-1　吴越文化区聚落景观区划分及其传统村落数量

文化亚区	传统聚落景观区	区域范围	数量
WY-Ⅰ 吴文化亚区	WY-Ⅰ1 太湖平原聚落景观区	江苏省苏州市、无锡市、常州市（除金坛区和溧阳市外）	16
	WY-Ⅰ2 杭嘉湖平原聚落景观区	湖州市、嘉兴市、杭州市（除富阳区、临安区、桐庐县、建德市、淳安县外）	3
	WY-Ⅰ3 沿江平原聚落景观区	江苏省南通市启东市和海门市、泰州市靖江市、无锡市江阴市及苏州市张家港市、常熟市、太仓市	1
	WY-Ⅰ4 低山丘陵聚落景观区	江苏省常州市金坛区和溧阳市、南京市溧水区和高淳区、镇江市丹阳市	3
	WY-Ⅰ5 上海都市聚落景观区	上海市	5
WY-Ⅱ 越文化亚区	WY-Ⅱ1 宁绍平原聚落景观区	绍兴市（除新昌县、嵊州市、诸暨市外）、宁波市余姚市、慈溪市	4
	WY-Ⅱ2 浙中丘陵盆地聚落景观区	衢州市、金华市，杭州市富阳区、临安区，绍兴市新昌县、嵊州市、诸暨市，台州市天台县、仙居县，丽水市莲都区、缙云县、遂昌县、松阳县	71
	WY-Ⅱ3 浙东沿海丘陵聚落景观区	台州市三门县，宁波市（除余姚市、慈溪市外）	15

续表

文化亚区	传统聚落景观区	区域范围	数量
WY-Ⅱ 越文化亚区	WY-Ⅱ4 浙南中山聚落景观区	台州市（除三门县、天台县、仙居县外），温州市，丽水市（除莲都区、缙云县、遂昌县、松阳县外）	35
WY-Ⅲ 新安文化亚区	WY-Ⅲ1 皖南古徽州聚落景观区	安徽省黄山市（除黄山区外）、宣城市绩溪县，江西省上饶市婺源县	73
	WY-Ⅲ2 皖南古宣州聚落景观区	安徽省黄山市黄山区，芜湖市南陵县及宣城市	3
	WY-Ⅲ3 浙西古严州聚落景观区	浙江省杭州市建德市、桐庐县、淳安县	12

进一步通过空间计量和 GIS 分析，结果显示：

①从文化区尺度上，吴越文化区传统村落在空间分布上呈凝聚型特征，整体分布格局为南多北少、西多东少，高密度集聚区与热点区分布具有相似性。区内共形成两个高密度集聚区，分别位于西部的皖南山区和西南部的浙南山区，其中黄山市歙县、黟县，丽水市松阳县及上饶市婺源县均为二阶热点区，前三县分别处于皖南古徽州聚落景观区和浙中丘陵盆地聚落景观区；太湖平原、浙东沿海丘陵地区和浙南丘陵山地至皖南山区一带为 3 个一阶热点区，其余区域为冷点区；金华地区、浙东丘陵地带以及江苏省东南部也有一定密度的传统村落聚集情况，但密度远没有前者高。②在文化亚区尺度上，传统村落的空间分布也表现出集聚性和不平衡性，新安文化亚区密度最大，为 18.87 个 /10^4 平方千米，越文化亚区分布数量最多，共 125 个。③在聚落景观区尺度上，传统村落的分布仍较集中。主要分布在皖南古徽州聚落景观区和浙中丘陵盆地聚落景观区以及浙南中山聚落景观区，数量接近区域内传统村落总量的 75%。

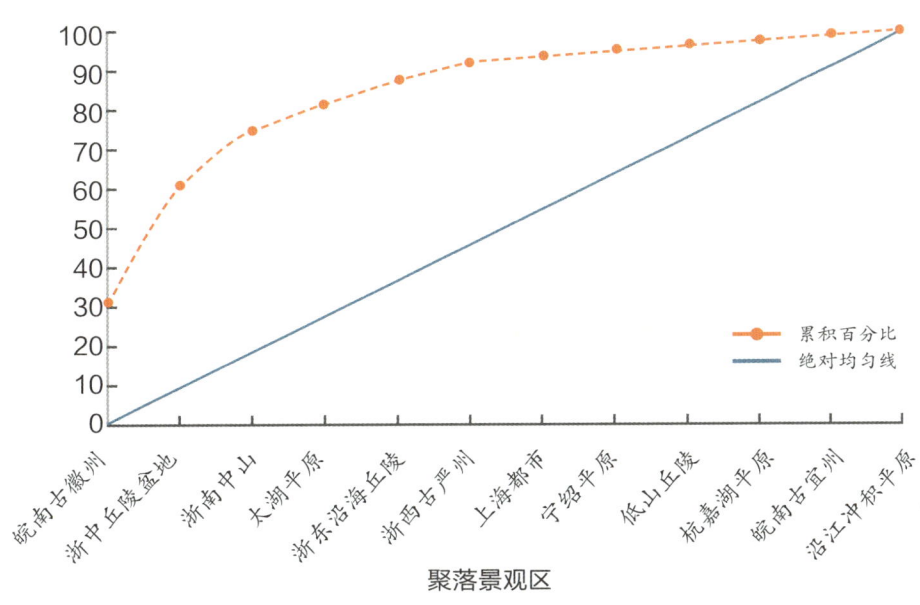

图 5-1 吴越文化区传统村落分布洛伦茨曲线

（三）从在各文化亚区的分布看

1. 苏南地区

苏南地区是江苏省南部地区的简称，包括南京、苏州、无锡、常州、镇江五市，总面积达 27872 平方千米，占江苏省土地总面积的 27.17%。苏南地区自古以来就是名闻天下的"鱼米之乡""人间天堂"，也是吴文化的重要发祥地。在住建部等公布的五批中国传统村落名单中，江苏省共有 33 个，其中苏南地区有 26 个（南京 2 个，镇江 5 个，常州 3 个，无锡 2 个，苏州 14 个）。

2. 浙江省

浙江省传统村落数量众多，截至 2017 年，入选中国传统村落名录的村落共计 401 个，列入省级传统村落名录的村落 634 个。

从市域分布看，浙江省传统村落在全省的 11 个地级市皆有分布，但分布并不均衡。其中丽水市共有 356 个传统村落，位列全省首位，占全省传统村落总数的 34.40%；其次为台州市，117 个入选，占比为 11.30%；紧随其后的是金华市和衢州市，分别有 115 个和 110 个传统村落入选；杭州市与温州市数量分别为 99 个和 83 个；绍兴市、宁波市、湖州市村落数量在 40 个以上；嘉兴市和舟山市入选村落数较少，嘉兴市有 12 个，舟山市仅有 5 个村落。可见，浙江省的传统村落主要分布于丽水、台州、金华、衢州、杭州，其数量占全省的近 80%。

表 5-2　浙江省传统村落的市域分布

城市	村落总数（个）	面积（km^2）	密度（个/10^{4}km^2）	所占比重（%）
丽水市	356	17324	205.50	34.40
台州市	117	9411	124.32	11.30
金华市	115	10942	105.10	11.11
衢州市	110	8845	124.36	10.63
杭州市	99	16596	59.65	9.57
温州市	83	12065	68.79	8.02
绍兴市	54	8279	65.23	5.22

续表

城市	村落总数（个）	面积（km²）	密度（个/10⁴km²）	所占比重（%）
宁波市	44	9816	44.82	4.25
湖州市	40	5820	68.73	3.86
嘉兴市	12	3915	30.65	1.16
舟山市	5	1455	34.36	0.48
合计	1035	104468	99.07	100

3. 徽州地区

徽州，古称新安，位于安徽、浙江、江西三省交界处。源于北宋的行政区划，历史上已存在780余年，较为明确的徽州地区是指历经宋元明清四代发展、行政管辖范围为今天歙县、黟县、婺源、绩溪、祁门、休宁六县，是徽州文化（或称徽文化）孕育和发展的主要空间，是我国目前传统村落保存规模最大、完整度最高、社会历史文化内涵极为深厚的区域。该地区总面积约1.3881万平方千米，总人口达200万。截至2016年12月，共有124个传统村落被列入住建部等公布的中国传统村落名录，其中第一批22个，第二批38个，第三批31个，第四批33个。

从数量上看，古徽州"一府六县"中，传统村落主要集中分布在黟县（25%）、歙县（20.16%）和婺源（18.55%）。近90%的传统村落分布在黟县、歙县、婺源、休宁、绩溪、祁门六县，黄山市三个市辖区传统村落数量分布较少，其中屯溪区没有传统村落入选前四批国家传统村落名录。整体上表现出"核心少边缘多"的空间分布格局，传统村落的边缘化分布趋势明显。

4. 赣东北地区

赣东北地区属徽文化区，该地区的传统村落主要分布在上饶的婺源县境内及其与景德镇交界地带，包括景德镇市浮梁县的严台村、沧溪村、旧城村、高岭村、绕南村、英溪村、蹯溪村、瑶里村，上饶市婺源县的江湾村、汪口村、延村、理坑村、虹关村、洪村村、李坑村、长径村、晓起村、西冲村、思溪村、游山村、庆源村、岭脚村、凤山村、诗春村、篁岭村、豸峰村、篁村，乐平市的北门村、名口村、横路村、涌山村、下徐村、上徐村，以及九江市湖口县的庄前潘村等。

二、保护政策与成效

（一）国家层面

2012年4月，国家启动了由住建部、文化部、财政部、国家文物局联合对中国传统村落的调查与保护工作，在《关于开展传统村落调查的通知》中强调"县级主管部门推荐负责深入调查并填写'一村一表'，省级主管部门负责汇总、审核与验收，并将结果上报部批"。中央将传统村落保护工作详细安排至县级政府，落实传统村落的保护。2012年8月颁布的《传统村落评价认定指标体系（试行）》要求，省级主管部门依据指标体系，结合传统村落登记信息，对本地区传统村落的保护价值进行评价认定，进一步完善村落的实名确认。2012年9月，经传统村落保护和发展专家委员会第一次会议决定，将习惯称谓"古村落"改为"传统村落"，以突出其文明价值及传承的意义。

2012年12月,《中共中央 国务院关于加快发展现代农业进一步增强农村发展活力的若干意见》中指出:"制定专门规划,启动专项工程,加大力度保护有历史文化价值的民族、地域元素的传统村落和民居。"自此,传统村落保护作为国家政策在各地得到落实。2013年,住建部印发《传统村落保护发展规划编制基本要求(试行)》,将传统村落保护规划官方化、正规化,作为保护规划建设编制的指导性文件。2014年4月,住建部、文化部、国家文物局、财政部联合下发《关于切实加强中国传统村落保护的指导意见》,明确提出保护传统村落完整性、真实性和延续性的要求,保护措施包括:完善名录,按照"一村一档"要求建立中国传统村落档案;制定保护发展规划,规划审批前应通过四部局组织的技术审查;加强建设管理,保护发展规划未经批准前,影响整体风貌和传统建筑的建设活动一律暂停;加大资金投入,统筹农村环境保护、"一事一议"财政奖补及美丽乡村建设、国家重点文物保护、中央补助地方文化体育与传媒事业发展、非物质文化遗产保护等专项资金,分年度支持中国传统村落保护发展;同时要做好技术指导。

为加强传统村落宣传工作,2014年8月,住建部发布《关于组织开展中国传统村落系列宣传活动的通知》,呼吁各地方政府及群众提高对传统村落的保护意识,传承中华优秀文化。为防止出现盲目建设、过度开发、改造失当等修建性破坏现象,积极稳妥推进中国传统村落保护项目的实施,2014年9月,住建部、文化部、国家文物局、财政部出台《关于做好中国传统村落保护项目实施工作的意见》。2017年,中央一号文件提出支持传统村落保护,维护少数民族特色村寨整体风貌,有条件的地区实行连片保护和适度开发。

2017年12月发布的《中国传统村落蓝皮书：中国传统村落保护调查报告（2017）》指出，中国传统村落保护工作所面临的问题错综复杂，任重道远，当前的传统村落保护工作必须遵循整体性、原生性、可持续性原则，明晰传统村落的保护不仅限于有形的固态的物质文化遗存保护，还包括无形的动态的非物质文化遗存的保护，同时还要兼顾村落文化的传承者——生活于村落的原住居民。

2018年，国家文物局印发《关于做好首批51处全国重点文物保护单位和省级文物保护单位集中成片传统村落整体保护利用项目评估工作的通知》，启动全国重点文物保护单位和省级文物保护单位（以下简称"国保省保"）集中成片传统村落整体保护利用工作，以全面提升270处国保省保集中成片传统村落整体保护利用水平，并形成可推广、可复制的经验与模式。为贯彻落实中共中央办公厅、国务院办公厅《关于实施中华优秀传统文化传承发展工程的意见》要求，推动传统村落保护传承和发展，2020年5月，住建部发布《关于实施中国传统村落挂牌保护工作的通知》，决定统一设置中国传统村落保护标志，对传统村落实施挂牌保护。

（二）省市层面

1. 江苏省

江苏作为全国经济发展、城镇化先行地区，人口、产业和城镇高度密集，经济相对发达、地势较为平坦、交通较为便捷，传统村落的保护工作非常迫切。

2001年，江苏省在全国率先出台《江苏省历史文化名城名镇保护条例》，明确了历史文化名城、名镇和历史文化保护区的保护制度，奠定了江苏历史文化名城、名镇保护的法制基础。南京、常州、苏州等地也陆续制定配套地方法规规章。为加强古村落的保护，维护古村落传统风貌，传承优秀历史文化遗产，2005年，苏州市人民政府发布了《苏州市古村落保护办法》。2013年，苏州市又颁布了《古村落保护条例》，该条例是全国首部古村落保护的地方性法规，破解了传统村落资金投入和古建筑产权流转两大难题。2016年，江苏省委一号文件提出，"十三五"期间，江苏将对约1000个省级传统村落和传统民居建筑组群进行保护。

2017年9月，江苏省政府颁布实施《江苏省传统村落保护办法》（江苏省人民政府令第117号，以下简称《办法》），在全国首次以"政府令"的形式（省政府规章形式）对传统村落进行立法保护，《办法》规范了传统村落保护基本原则、工作体制机制、保护对象、申报认定、规划管理、保护和利用等方面内容，对推动江苏省传统村落保护工作走上法制化和规范化轨道、形成历史文化名城—名镇—名村—历史文化保护区—传统村落保护法规制度体系发挥了重要作用。依据《办法》，江苏省住建厅组织编制了《江苏省传统村落保护发展规划导则》，以此指导推进全省传统村落保护发展规划的编制工作。目前，江苏省所有中国传统村落均已完成保护规划的编制工作。

2018年7月，中共江苏省委办公厅发布《江苏省农村人居环境整治三年行动实施方案》，提出要认真落实《江苏省传统村落保护办法》，按照"保护优先、兼顾发展、合理利用、活态传承"的原则，组织开展省级传统村落的调查和申报工作，将具有一定历史沿革、保持传统空间格局、留存公共空间记忆的村落和传统民居纳入省级传统村落名录，分期分批公布，加大传统村落保护力度；优先将省级传统村落纳入特色田园乡村建设试点范围，到2020年，有效保护600个省级传统村落和传统建筑组群。

2018年12月，《江苏省乡村振兴战略实施规划（2018—2022年）》进一步指出，要统筹保护、利用与发展的关系，努力保持村庄的完整性、真实性和延续性，切实保护村庄的传统选址、格局、风貌以及自然和田园景观等整体空间形态与环境，全面保护文物古迹、历史建筑、传统民居等传统建筑；要尊重原住居民生活形态和传统习惯，加快改善村庄基础设施和公共环境，合理利用村庄特色资源，发展

图 5-2　苏州市吴中区东山镇陆巷古村

乡村旅游和特色产业，形成特色资源保护与村庄发展的良性互促机制；要分批公布江苏省传统村落名录，到 2022 年，有效保护 1000 个左右的传统村落。经过 3 年精心培育，2020 年 4 月 7 日，江苏省住建厅等部门发布首批 107 个江苏省传统村落名单，并从中择优筛选了 26 个历史遗存资源较为丰富、配套设施相对齐全、已具备乡村旅游发展条件的村落，串联了 8 条传统村落游赏线路（分别是"桃源竹海""慢城仙境""醉美乡游""梦里水乡""千垛乡缘""烟波古渡""微山浅钓""滨海观澜"）。

目前，江苏省 33 个传统村落基本实现保护规划全覆盖，为传统村落保护提供了法定技术依据。为推进历史文化保护规划有序实施，江苏省积极争取国家财政支持，并设立省级历史文化保护专项补助资金。2009—2018 年间，省财政累计下达资金 1.5 亿元，用于补助历史文化名镇、名村等保护整治项目，有力推进了相关保护规划实施。近年来，江苏省争取国家资金 8400 万元，支持前四批 28 个中国传统村落保护发展；2016—2017 年，省财政下达资金 2 亿元，支持 100 个形成时间较早、乡土文化特征鲜明、传统资源较为丰富的传统村落保护发展。

2. 浙江省

浙江省对传统村落的保护可追溯到 20 世纪 80 年代清华大学陈志华先生带领团队对楠溪江流域传统村落进行的系统研究和调查，他呼吁重视和保护传统村落。自 20 世纪 90 年代起，浙江省陆续对一批历史文化遗产丰富、保存完整、历史文化内涵深厚的传统村落进行保护，并陆续公布全国重点文物保护单位或省级历史文化名村镇名单，兰溪诸葛村便是浙江省最早被公布为全国重点文物保护单位的传统村落。自 2003 年起，浙江省对传统村落的保护范围开始扩大，在"千村示范万村整治"工程中，强调把保护历史文化遗产和古村落作为工作重要内容，对有价值的古村落、古民居和山水风光进行保护、整修和利用。

2006 年，浙江省人民政府发布《关于进一步加强文化遗产保护的意见》，文件提出"要切实加强对优秀乡土建筑和历史文化环境的保护，努力实现人文与生态环境的有机融合"，再次明确强调重视农村历史文化遗产的保护。2010 年，浙江省政府作出推进"美丽乡村"建设的决策，全省 10303 个建制村环境得到整治和改善。2012 年是浙江省传统村落保护的关键节点，浙江省人民政府《关于加强历史文化村落保护利用的若干意见》的出台，标志着传统村落的保护利用工作全面启动。这一年，浙江省第一次"历史文化村落保护利用工作现场会"在衢州市召开，次年第一批历史文化村落保护利用重点村建设工作启动。

2015 年，《浙江省传统村落保护"十三五"发展规划》发布；《千村故事》"五个一"行动计划项目启动，并完成《浙江历史文化村落保护利用与持续发展调研报告》，该项目第一次系统全面地对浙江省传统村落资源状况和保护状况进行了摸底梳理。同年，丽水市松阳县被列为全国首个传统村落保护发展示范县和国家文物局传统村落保护利用试验区，启动了依托培养当地工匠、立足于村民组织的"拯救老屋行动"。2016 年 7 月，浙江省人民政府《关于加强传统村落保护发展的指导意见》发布；10 月 31 日，全国首个专项用于传统村落活态保护与历史文化传承的基金——浙江省古村落（传统村落）保护利用基金正式设立，力争通过 5 到 8 年时间，使基金资产管理规模扩大到 50 亿元，撬动 100 亿元以上的社会资本投入浙江省古村落项目，覆盖超过 100 个传统村落。

2017 年，浙江省住建厅、文化厅、文物局、财政厅公布第一批省级传统村落名单，决定将杭州市萧山区衙前镇凤凰村等 636 个村落列入省级传统村落名录（住建部等公布的浙江中国传统村落不在此名单范围），各地力争两年内完成保护发展规划编制。为进一步加强传统村落保护利用，2019 年 10 月，浙江省住建厅分别组织编制了《浙江省传统村落保护发展规划编制导则》和《浙江省传统村落保护技术指南》。2020 年，浙江省政府工作报告指出，要全面推广松阳"拯救老屋"模式，开展传统村落风貌保护提升和美丽宜居示范村创建。

自 2012 年国家开展中国传统村落认定工作以来，已先后公布五批共 6819 个中国传统村落。浙江省有 636 个村落入选，居贵州、云南、湖南后，列全国第四位。

3. 安徽省

安徽文化底蕴深厚，自然景观秀丽，风貌特色鲜明，现存大量传统村落、传统民居建筑及其他历史遗存，具有很高的历史文化、美学和艺术价值。2012 年，安徽省启动传统村落保护利用发展工作，全面开展传统村落普查。为加强传统村落和传统民居保护技术指导工作，2014 年 6 月，安徽省住建厅决定成立安徽省传统村落及传统民居保护专家委员会，其主要任务是对传统村落档案建立、保护发展规划编制及审查、建设项目选择与申报、项目建设以及传统建筑保护修缮等工作提供技术指导；对传统民居保护发展提供技术指导和决策咨询；进行传统民居保护技术研究；参与传统民居的调查、记录和整理；参加分类谱系和建造技术的编写和审查等。

2016年11月17日，安徽省住建厅正式印发《安徽省传统村落保护发展"十三五"规划》，力争到2020年，列入中国、省级传统村落名录的村落分别达200个和500个。2017年5月31日，安徽省人民政府办公厅印发《关于加强传统村落保护利用发展的指导意见》（皖政办〔2017〕52号），对"十三五"期间传统村落保护利用发展的总体目标、重点任务、保护责任、政策措施、体制机制提出新要求。计划到2018年年底，完成约500个村落档案建立和保护发展规划编制工作，历史文化资源得到基本保护，特色产业培育工作全面推进；到2020年，基本建立传统村落保护利用发展机制，特色产业发展初具规模，形成一批旅游、文化产业集群，村民生产生活条件得到明显改善。2020年6月，黄山市被财政部、住建部确定为2020年传统村落集中连片保护利用示范市，并获中央财政1.5亿元补助。

可以说，在传统村落保护方面，安徽颇有建树。目前，全省共有400个村落被列入中国传统村落名录，中国传统村落数量位列全国第五位。截至2018年年底，全省共有144个国家级传统村落争取到中央财政专项资金的支持，累计达4.32亿元，用于传统村落保护的其他资金达1.01亿元，170个传统村落完成了保护规划项目实施，得到了全面有效的保护；24个中国传统村落被列入国家文物局270个国保省保集中成片传统村落整体保护利用名单，数量之多排名全国第四。2018年，黄山市168个古建筑、古村落保护利用项目全部完工。如今，安徽省传统村落古民居保护已形成样板，皖南古民居保护利用工作经验在全国推广。

4. 上海市

伴随着经济的快速发展和城镇化进程的加快，上海市传统村落里的原住居民不断迁出，人口老龄化、空巢化状态突出，致使村落日趋破败甚至消亡。同时，这些村落内的基础设施水平已跟不上时代发展的需要，加之建筑破损严重、文化内涵保护与挖掘不够，导致传统村落在系统性保护方面力量十分薄弱。目前，中国传统村落名录已公布五批，共有6819个村落入选，上海市入选的村落只有第一批的5个村，分别是闵行区马桥镇彭渡村、闵行区浦江镇革新村、宝山区罗店镇东南弄村、浦东新区康桥镇沔青村和松江区泗泾镇下塘村。

为推进上海市传统村落建设，2015年上海市建设管理委员会城镇建设处曾委托上海交通大学城市科学研究院开展本市传统村落保护课题研究工作。2016年，上海市人民政府印发《关于推进本市历史文化名镇名村保护与更新利用实施意见的通知》，要求"十三五"期间全面完成本市历史文化名镇名村和传统村落保护发展规划和实施方案的编制和报批工作；按照"成熟一个、启动一个"的要求，启动一批历史文化名镇名村的保护与更新工作。

5. 江西省

江西省传统村落资源丰富，为使古村落保护有法可依，全国首部传统村落保护省级地方性法规——《江西省传统村落保护条例》（以下简称《条例》）于2016年12月1日开始实施，该《条例》在立法层面更好地对传统村落进行了"活态"保护，明确县级政府为责任主体，进一步改善传统村落的基础设施、人居环境，提高村民的生活质量，把村民留住；鼓励传统村落发展乡村旅游、民宿、传统作坊等产业，促进居民就业、增加居民收入；鼓励传统村落的居民以其所有的传统建筑、房屋、资金等入股参与传统村落的保护、开发和利用，传统建筑所有人可以约定获得合理的收益分成。《条例》明确指出，传统村落应当整体保护，保持和延续其传统格局和历史风貌，不得改变与其相互依存的自然景观和环境。除必要的基础设施和公共服务设施以外，在传统村落核心保护区禁止新建、扩建建筑物、构筑物及其他设施。

此外，江西省文化厅、省文物局先后制定和下发了《江西省中国传统村落整体保护利用文物保护工程导则（试行）》《关于加强我省中国传统村落文物整体保护利用工作的通知》等文件，明确了传统村落文物整体保护利用工作重点和相关部门工作职责，并指导有关地方政府按时完成国保和省保集中成片传统村落文物保护工程总体方案和具体技术方案编制工作。2017年9月，江西省住建厅公布了全省第一批省级传统村落名录，共有248个村落入选。为推进全省传统村落保护发展，2020年4月26日，江西省住建厅发布《关于加强传统村落保护发展规划编制工作的通知》（赣建村〔2020〕18号），确保在2020年年底前全面完成国家、省级传统村落保护发展规划编制。

目前，江西省共有343个村落被列入中国传统村落名录。

第二节
吴越传统村落保护面临的困境及原因

一、保护困境

传统村落是中华民族祖先留给后人的宝贵遗产，是我国厚重历史文化的有形载体。传统村落中蕴含的乡村记忆、民俗文化乃至民族精神，是人类不可多得的财富。保护好传统村落，不仅能彰显地域特色、满足居民精神文化生活，更能延续民族血脉，传承博大精深的农耕文明。然而，在经济迅速发展和城镇化快速推进的背景下，吴越传统村落保护正面临着诸多困境。

（一）"空心化"问题

过去40年间，持续数千年农耕文明的乡土中国向城镇化快速行进，其速度、深度和广度前所未有：城镇常住人口从1.7亿增加到8.3亿，城镇化率从17.9%提高到59.58%，且正在向着2030年将城镇化的水平推进到70%的目标迈进。越来越多的农村人口像潮水一样流向城市，出现了一个个"只有村、没有人"的空村。2012年，我国启动中国传统村落保护名录项目以来，已有超过6000个具有重要历史文化价值、多彩多姿的传统村落进入国家的保护范畴。然而，"空心化"现象越来越成为传统村落保护的问题和难题。作为一个世界性问题，所谓村落"空心化"是指已经被确定为保护对象的传统村落，原住居民纷纷向外迁移，人口不断递减，村舍荒芜，乡村生活瓦解，村民记忆流失，村落逐渐成为空村。

根据阮仪三先生的观点，依据村落所处的经济和交通区位，村落"空心化"现象可分为以下四种主要类型：一是目前还有人居住，但留守在村庄的主要是老人、孩子，作为社会生产和家庭生活中坚力量的青壮年劳动力整体缺失。二是旧村庄几乎完全空置，村民集体搬迁到旁边统一建造的新村里，但老房子并未拆除，老村庄所在的地块也并未发生更新迭代，只是暂时丢在那里很少使用和维护。其中，那些家族观念和民间信仰保存比较完整的地区，一些单姓宗族村落，每逢年节或家族活动，还会回到老村里的宗祠或"众厅"举办活动，这样的村子，即便老房子不再有人居住，宗祠还是有人值守维护的。三是村民都还在村庄里居住，但村庄内部和周边持续新建房屋，村民拆掉破旧倒塌的老房子，在原地新建楼房，或任由老房子坍塌而选择在旁边新基址起新房，整个村落呈现出"空闲危旧的老房子"与"新建民房"（一般为2至5层的楼房）紧密交织的状态，村庄在原地以"小规模房屋更替"的方式进行自我渐进更新，表现为"村庄内部荒疏"，新房则"向村庄外围蔓延"或"沿着过境公路延伸"。四是位于大都市近郊城乡接合部的村庄，以流动人口居多，原住居民大多迁出，将房屋出租给外来务工人员短时居住，人口密度较大，但环境卫生和社会安全都较差。这类村庄建筑面貌较混杂，老房子居多，少量新房子出现在20世纪80年代前后，进入90年代后，村内各种建设活动逐渐停滞，居住人口随之发生更替。

上述"空心化"现象，在吴越传统村落中均存在。如位于常熟古里镇南部的李市村为苏州市历史文化名村。明正统年间，有李氏

图 5-3　李市村街巷

图 5-4　李市村枕河人家

图 5-5　李市村古民居

大族聚居，因地跨小山泾又称山泾市。中华人民共和国成立初期，曾设李市乡。李市村地理位置荒僻、四周水网发达，在农耕时代，是既可躲避战乱，又能生意兴隆的风水宝地。到了近代，富商大户纷纷来此避居，李市村达到了空前繁华，紧随金唐市、银梅李之后，被誉为"铁李市"。2013 年 8 月 14 日，李市村被列入第二批中国传统村落名录。古村小桥流水，景色绮丽，至今仍保持着原生态的自然环境，古街巷、古水道、古桥梁应有尽有，拥有众多明清时期遗留下来的古民居。但根据有关调查资料显示，随着近年来城镇化进程的加快和居民生活水平的提高，李市村也难逃逐渐破败消亡的命运。

李市村现有居民176户，其中空置住户45户，住房空置率近26%，且大部分空置住房为古村核心地段、年代久远的传统民居，给传统村落活力维持和居民生活形态延续带来较大困难，加剧了古建筑的自然损毁。皖南传统村落空间形态和布局肌理的形成离不开宗族血缘的纽带关系。村落内部同宗同族，因此建筑风格统一、协调，空间布局围绕宗祠由内而外展开。随着时代的变迁，大族败落，其土地家产被重新分配给农户，由此导致一户大宅由两三户共同使用，这就难免出现"各自为政"、擅自改建的弊病。尤其是正房和天井，因多家共用而沦为杂物库房，难以再现尊卑有序、祥和融洽的景观。改革开放以后，全国经济飞速发展，皖南山区也处在打工潮的冲击背景之下，青壮年劳动力涌入大城市，传统村落的人气渐渐消失，一步步沦为"空心村"。

（二）过度开发问题

传统村落是历史文化的承载，是乡情乡愁的寄托，也是民族悠久历史和民族精神的集中体现。曾经被时代发展所遗忘的传统村落，在政府和民间组织共同支持下，如今重新得到重视和保护。保护传统村落的重要性众所周知，但真正实施起来，却常常不尽如人意。有些地方盲目"开发"，个别地方甚至以保护为名进行了破坏性的开发。在城镇化进程中，有人认为传统村落如果无开发价值，与其花钱费力保护，不如让其消亡；有的甚至因为经济利益驱动，大行"强拆"之道；很多地方把旅游化看作是保护传统村落的唯一出路，把入选传统村落名录看作是开发旅游的契机，一些开发商把传统村落当景点，把遗产当卖点，随心所欲地增加景点，然后将传统村落圈起来收取门票，使传统村落因过度开发失去本真，陷入同质化、低水平重复建设的怪圈。

盘点吴越传统村落保护现状，一些极具特色的传统村落在被整合、拆建、挪移中消亡。即便一些传统村落在各方的努力下有幸保存了下来，但伴随着商业化过度开发，一些古色古香、原汁原味的美丽传统村落，其完整性和原真性也受到很大影响。如浙江、江苏不少地方在进行传统村落改造中"东施效颦"，简

图 5-6 传统村落保护过程中的各类建设性破坏

单照搬徽派建筑的马头墙，丢掉了原来的特色；苏州某村庄与旅游公司合作开发，由于游客的过量涌入，破坏了村庄的原有面貌。

（三）资金短缺问题

资金是保护发展传统村落的关键。传统村落的修缮，从技术层面到操作层面，都需要投入大量的人力、物力，如此大的花费对村落自身来说是难以承受的。虽然被列入中国传统村落名录的每个村可获得 300 万元的财政补助资金，但仅仅依靠这些资金，只能完成村里的一些基础设施建设，远不能满足保护和发展的现实需要。如苏州杨湾村，许多具有历史文化遗存价值的古老建筑，由于缺乏资金，正面临着保护难度大、损毁严重，甚至永久消失的困境。再如，作为徽派建筑发源地的黄山市，其境内各类徽派建筑星罗棋布，平均不到 2 平方千米就有一幢古民居，但目前这些徽派古民居的保护既受到人们观念、自身结构特点及自然环境等因素的影响，也受到资金、技术、人才等具体因素的制约，其中保护资金短缺尤为突出，有专家曾进行过测算，黄山市要完整保护所有古民居，每年至少需拿出五六十亿元资金，相当于全市一年财政收入的 70%，传统村落保护资金的压力由此可见一斑。

二、原因分析

（一）居民保护意识淡薄

吴越地区的居民对于参与传统村落保护与利用的意识有待提

高。作为个体的原住居民，往往仅关心眼前的短期利益或可见利益，而不愿主动去承担保护的义务。此外，由于获取的信息不对称，原住居民对于传统村落保护的重要性的认识还不到位，同时对于传统村落保护的相关知识又知之甚少，认为传统村落保护多为政府和集体的工作，与己关系甚微。如此便直接或间接导致村落的主体居民很少参与到传统村落的保护与利用过程中。生活条件的改善使原住居民追求更加舒适的居住环境，他们在改造民居的过程中

图 5-7　上海泗泾镇下塘街破损的老建筑外墙

拆除了原有建筑和院落，对村落的整体格局造成了破坏；对住宅内部进行装修翻新时，不考虑传统建筑本身的特点，改建和拆除毫无顾忌，破坏了建筑群的整体风格和意境。特别是依靠旅游开发富裕起来的村民为改善居住条件，不断以"新"代"旧"、以"洋"代"土"、以"今"代"古"，拆建改造了大量百年老宅。

（二）现代化冲击

传统村落风貌包括能够反映村落历史的建筑形式和生态环境等，古建筑的完好保存是传统村落历史文化最为直接的体现之一。然而大部分吴越传统村落地处经济较发达省份，受周边大都市的影响明显，村落保护面临较大威胁。

上海市东南弄村中大部分传统民居的外立面已被翻新成现代样式，有些老宅只能从屋顶的些许老部件才能辨认出年代。沔青村内的老典当行、老银行等老建筑也因改建失去了原有的样貌。彭渡村的金氏祠堂则因群租问题遭到破坏，祠堂内部空间被划分成若干个几平方米的小隔间，外来人员的吃住、卫生设施均集中于此，居住环境可想而知。彭渡村的邻松老街则布满杂乱的电线，不仅存在较大的安全隐患，也影响村落的美观性。如今，大都市周边的传统村落已很难与人们心目中小桥流水的村落形象所连接。东南弄村的丰德桥、彭渡村的荷巷桥早已变成了旱桥，原先的小河被填充成了水泥路。彭渡村金家旧宅内的百年桂花树，由于缺乏妥善的保护，现已濒临枯死。下塘村老街由于基础设施落后，村民经常直接将生活污水倒入旁边的泗泾塘，导致河水变得浑浊。随着上海市郊的城镇化发展，松江泗泾地区的新城开发正如火如荼地进行，在周边新建住宅小区的包围下，泗泾古镇逐渐成了一座"孤岛"，与周边的现代化建筑格格不入。

（三）重开发轻保护理念驱使

有关传统村落话题的讨论愈演愈烈以及当前"古镇古村游"潮流的兴起，使皖南地区的宏村、西递、南屏，苏南地区的昆山、周庄，浙江地区的桐庐、慈溪等传统村落涌入了大量慕名而来的游客。特别是随着《卧虎藏龙》《历史的天空》等多部影视剧在部分村落取景，在带动村落经济增长的同时，也对村落的环境等造成了负面影响。与此同时，由于长期以来以地区生产总量为政绩考核的体制弊端，不少领导干部对传统村落保护意识淡漠，对乡土建筑价值的认识只停留在旅游开发上，而对于其丰富的历史、社会、艺术等价值知之甚少。不少地方政府片面追求传统村落乡土建筑的经济价值，"重开发利用，轻保护管理"的现象相当普遍。

一些地方盲目对传统村落进行旅游开发，未制定保护利用规划，简单采取商业化模式运作——"把古迹当景点，把遗产当卖点"，将传统村落变成赚钱的新路，甚至将传统村落整体转让承包，或将经营权变相转卖给旅游公司开发经营。尤其是有的国家级历史文化名村，违背《文物保护法》，无原则顺从开发商意愿进行过度开发，新建"仿古街""假遗存"，严重破坏了传统村落的原真性文化特征和原生态自然环境，使传统村落失去历史信息的记忆，成为一个"文化空壳"。

（四）政策法律制度缺陷

吴越地区内尽管一些省份或县市出台了关于传统村落保护的规范性法规，如《传统村落保护条例》《传统村落保护办法》等，但对于传统村落保护工作的实施尚缺乏一部系统、全面的法律法规保驾护航，传统村落并未真正形成有法可依、执法必严、违法必究的长效严格保护机制。而且上述法规条文在实施过程中仍存在诸多问题，如不同法规条文间的重叠、执法主体不明确、违法成本低、缺乏监督机制等，这些因法律体系的不完善而产生的矛盾在传统村落中表现比较突出，为传统村落保护工作的开展带来较大阻力，甚至造成保护性破坏。村落本身从属于地方政府的行政管辖，保护工作涉及多个部门，难以形成合力，如文物部门负责传统村落中文物保护单位本体的维修，住建部门负责传统村落的规划和建设，而村民基层组织则更加注重传统村落的居住条件及给自身带来的经济效益。因此，尽快出台一部切实可行的针对中国传统村落保护的法律法规，显得刻不容缓。

第三节
吴越传统村落的保护路径

传统村落保护是一项系统而复杂的工程。为进一步推动吴越文化区传统村落的保护工作，必须针对保护中的困境和症结所在，多管齐下，提出有效的保护路径。

一、盘活文化资源，推动乡村振兴

传统村落的振兴与发展，是吴越地区实施乡村振兴战略的重要组成部分。没有传统村落的复兴，乡村振兴战略的实施将会成为无源之水、无本之木。近年来，浙江松阳、三门等地的传统村落保护和乡村开发实践，给我们带来不少启示。

一是扎根并深挖传统村落文化资源，打造美丽乡村生活空间。文化振兴是乡村振兴的题中之义，各地传统村落中的历史遗迹、文化风俗、民间习俗、古村落景观等乡土文化资源，可参照"中国传统村落"认定评价标准，拓宽思路和举措，加强特色和优势的打造与发挥。近年来，三门县桥头村、岩下潘村和岔坑村等以老宅入股村集体的方式，相关文创项目得以落地；松阳四都乡通过拯救老屋行动，注重挖掘和整合传统古村落旅游资源，均有效促进了传统村落的活态保护和利用。

二是促进"三产"融合发展，打造"宜居宜业宜游"的乡土家园。乡村振兴的关键是产业振兴和转型升级，而那些集乡土建筑与乡土文化、物质文化与非物质文化于一体的传统村落，不缺绿水青山，但缺乏因地制宜、相对合理的机制保障或制度安排。近年来浙江推行集体土地征购转移、"回收＋租赁"等政策，盘活了一大批乡村闲置土地，拓展了惠农富农产业链，带动了乡村"三产"融合发展，促进了农民增收致富。

三是要在发挥村民自主性和积极性、保障村民权益的前提下，加强乡村基础设施建设和环境综合整治，吸引更多社会资本和经营主体投入到乡村建设与发展中来。如桐庐深澳村、武义俞源古村等乡村文化生活旅游综合体的打造，就是浙江省传统村落打造乡村旅游升级版、促进乡村发展的良好范本。

可见，乡村振兴战略下的传统村落保护，不仅是指对某个村落固态文物等的静态保护，更是要通过保护古村来解决农村"空心"化、产业融合发展等问题。只有产业发展、乡村复兴，才能让传统村落中那些中华民族延续数千年的文化瑰宝在新时代绽放出迷人的光彩。

表 5-3　文物保护与传统村落保护的比较

主项	分项	文物保护	传统村落保护
保护对象	内容	价值突出、带有丰富历史信息的移动及不可移动文物：古文化遗址、古墓葬、古建筑、石窟寺和石刻、壁画、具有重要纪念意义的近代史迹实物等	村域传统资源；选址格局要素；传统建筑；历史环境要素；非物质文化及其空间
	数量及分布	价值高的文物建筑在传统村落中数量少、分布集中	民居在传统村落中广泛分布、数量多；是传统村落的基本面
保护对象	特点	高价值、静态、边界清晰、单一的物质实体	村落是村民生产、生活的载体；村落普遍价值扁平化，单体不高，群体突出；村落是活态、边界模糊、复杂的整体
保护目标	评价标准	真实性及完整性，是一种"原封不动的保存"	真实性、完整性和可持续性；提升人居环境；活态传承、合理利用

续表

主项	分项	文物保护	传统村落保护
支撑	法律法规及规章规范	法律及国家行政法规:《中华人民共和国文物保护法》《中华人民共和国城乡规划法》《历史文化名城名镇名村保护条例》	只有规章及规范:《关于开展传统村落调查的通知》《传统村落评价认定指标体系（试行）》《传统村落保护发展规划编制基本要求（试行）》

资料来源：杜翔、李秋香，《传统村落保护发展中的困境与思考》

二、加强宣传教育，提高保护意识

公众对传统村落保护意识的增强，对于保护工作的开展具有重要的现实意义。因此，政府及媒体应该积极促进相关宣传教育工作的开展。一是广泛开展社会宣教。充分利用各种媒体进行宣传，增强全社会对传统村落保护的意识和责任感。二是加强领导干部宣教。各级党校、行政学院应设置"传统村落保护专题"课程，以增强各级官员的保护意识和文化自觉。三是各级新闻媒体应充分发挥舆论宣传及监督曝光的作用，营造全社会重视传统村落保护利用的良好氛围。

同时，地方政府应继续推进传统村落普查调研工作，公布传统村落名录，实施分类保护、分级管理。一是全面完善普查调研工作。地方政府应采取"全面、规范、有序"的普查方法，对辖区内传统村落进行"三不漏"（不漏村镇、不漏线索、不漏项目）全面普查。二是建立和公布传统村落名录。应尽快组建多学科专家队伍，深入传统村落开展实地调研，摸清传统村落家底，高标准做好传统村落价值评估工作，并在建立价值评估体系和标准的基础上，对传统村落进行甄别、分类、评级。

各有关部门应合力做好传统村落的申报、认定工作。一是确定申报名录，应保尽保。要加快开展传统村落名录和文物保护单位的申报审批工作，对未被列入文物保护单位和名录的一般性文物古迹也要形成鉴定意见。二是制订乡规民约，强化传统村落非物质文化遗产保护，加快民间艺术传承人的申报和认定，建立传统村落保护志愿者队伍，加快传统村落保护法规政策的制定与宣传。

三、完善法律法规，健全保护制度

由于缺乏统一规范的制度依据，各地在传统村落保护中自行其是，为了经济利益牺牲文化价值的事情时有发生，必须通过完善法律法规，让传统村落保护在科学规范的轨道上进行。为此，建议尽快由国务院主持，住建部、农业农村部、自然资源部、文化和旅游部、国家文物局等相关部门与传统村落保护和发展相关的部门皆参与其中，根据实际保护工作中遇到的问题，尽快制定出一部针对中国传统村落及其文化保护的专门性法律，并细化法律细则。此外，鼓励各省根据本省传统村落发展的实际情况，在遵循国家法律条文的基础上，尽快制定各省的地方性传统村落保护法规。同时，鼓励传统村落订立村落保护的乡规民约。要通过明确传统村落保护的范围和标准，划定保护职责分工。同时，要适度放宽新建用地政策，支持原住居民为改善居住条件进行异地搬迁、原址修缮或民居转让。

具体来说，一要科学界定保护范围。一些地方只注重古建筑的保护，却对其他具有历史文化和自然价值的区域或非物质遗产置若罔闻，造成对传统文化的破坏。要通过完善法律法规，科学界定保护范围，避免"文化遗憾"的出现。除了建筑物外，具有较高历史、文化、艺术和地方特色的文物古迹及周边遗存的自然景观也应该纳入保护范围，同时村落民俗文化等非物质遗产也要加大挖掘和保护力度。二要统一规范保护行为。在传统村落保护中，究竟该采取什么行动，现在也没有统一规范。一些地方大搞商业开发，将村落进行迁建，最后村子变成了农家乐和民宿，传统味道消失殆尽。传统村落的规划编制、日常管理、修缮维护、风貌打造都需要有规范可循，既要满足现代社会的生活和发展需要，也要尊重历史和文化传统，文化价值不能让步于商业开发，不能将传统村落打造成"千村一面"的商业网点。三要激发村民主体活力。有些地方，传统村落保护只是政府单方面的"一厢情愿"，村民不感兴趣，甚至还有抗拒情绪。传统村落真正的使用和管理主体应该是村民，只有激发他们的主体活力，才能让保护真正到位。通过完善法律法规，鼓励村民以其所有的传统建筑、房屋、资金等入股参与保护和利用，让他们享受相应的回报，以此激发村民的积极性。四要建立责任追究机制。一些地方政府和领导干部在传统村落保护中不作为或乱作为，使村落遭受破坏和损失，为此，必须建立起相应的责任追究机制，督促管理人员履职尽责、科学决策，避免"拍脑袋""瞎指挥"，让传统村落保护能够取得实效。

四、调动村民积极性，促进保护主体多元化

首先，要鼓励"村民自保，村集体筹资保护"和"产权转移，

村集体或政府收购保护"相结合开展传统村落保护利用工作。一方面，提倡"村民自保、私保公助"，鼓励扶助村民依靠自身力量"自保"，在文物部门指导下负责乡土建筑的维修、管理和使用，政府给予适当的补助维修经费。但明确要求所有者不能随意拆毁乡土建筑，享受补助者在乡土建筑的使用、管理、开放、展示和处分等方面应履行相应的义务。另一方面，当产权人无能力承担修缮经费时，可将产权转移给村集体或由政府收购产权，垫资修缮乡土建筑，产权人享有看管和居住权，待以后有能力时则可回购产权。此外，还可以推动村集体筹资保护。村集体利用旅游收入、信贷资金维修集体所有建筑，补贴经济困难的村民或者垫资抢修乡土建筑，村集体对修缮好的乡土建筑享有相应的权益。

其次，要鼓励以社会公众"认领、认养、认保"和租用、购买等方式参与保护利用。一方面，可引导村民与社会公众在自愿基础上实现乡土建筑产权或使用权的转移性保护，鼓励社会组织、企业和个人以认领、认养、认保等方式参与保护利用。另一方面，对村民"自保"有困难又需要抢救保护的乡土建筑，可通过单体出让、整体出租使用年限等方式，允许企业和个人租用或购买产权实现传统村落保护利用。此外，还可将乡土建筑的所有权与经营权分开，由农户出让经营权，或由村集体以屋基置换建新居的形式，获取乡土建筑的产权，再由集体出让经营权，由企业或个人来经营管理，以加快传统村落保护利用。

传统村落保护利用必须依靠村民，调动村民的积极性，尊重村民自治的权利。村民是传统村落保护的重要力量，要加大宣传力度，使村民认识到保护传统村落的意义以及与其切身利益的关系，引导和鼓励全体村民参与传统村落的保护与利用。同时，地方政府应充分尊重原住居民的知情权、自治权、参与经营权、决策权和监督权，不应以各种形式取代村民权利的行使，尤其不能一味想着大肆开发和盲目开展旅游活动，把传统村落变成单纯的赚钱工具。可以将传统村落保护利用写入村民公约，让保护利用成果惠及村民、全民共享。将传统村落保护要求写入村民公约，是传统村落有效保护的重要前提和基本保障，既有助于约束村民无序的建设行为、提高村民热爱遗产和自我保护的意识，又有助于村民积极整治乡村环境、利用乡土建筑及其非物质文化遗产优势，实现传统村落保护与发展的双赢。同时，传统村落保护还要注重村民的经济和文化利益，把注重增加村民的经济利益和尊重维护村民习俗的文化权益作为传统村落保护利用的出发点和落脚点，确保村民在传统村落保护开发中获取收益，让开发利用成果惠及全体村民，社会共享。

表 5-4 传统村落不同保护主体主导类型比较

主体主导类型	关注重点	优点	缺点	介入程度	代表村落
政府部门	公共服务及基础设施；新农村建设、环境整治	执行力强；综合协调能力强（资金、人力等）	资金持续力不足；容易造成："建设性"破坏；经营持续力不足	强	呈坎村
专家学者	物质遗存及非物质遗存的保护	唤起社会保护意识；了解民情；提供技术支持	完全"中立"的保护态度使得保护技术方法落地性不强	一般	松阳县（横坑村、平田村等）
社会团体（企业）	旅游及相关产业发展；短期收益	提供房屋修缮整治、环境改善资金；经营管理能力强；促进产业转型，短期成效明显	原住居民流失；村落特色减退；过度商业化	较强	安徽省宏村、西递村

续表

主体主导类型	关注重点	优点	缺点	介入程度	代表村落
村民及自治组织	公共服务及基础设施；住房面积、条件；产业及收入	村民参与度提升，执行能力增强；保证村落原真性及特色	保护意识尚有待提高	较弱（此类型较少）	袁家村；诸葛村；马嵬驿村

资料来源：杜翔、李秋香，《传统村落保护发展中的困境与思考》

五、拓展资金筹措渠道，弥补保护经费缺口

传统村落保护离不开资金保障，吴越传统村落众多，上级政府的投资补助有限，地方政府的经费也不足以承担。因此，必须完善经费保障机制，可以通过"对上争取、财政投入、社会捐助、招商引资、银行贷款、个人出资"等途径，多渠道、多方式筹集保护资金。

一是建立传统村落保护利用专项基金。采取"对上争取、财政投入"的方式，精心梳理保护项目，积极争取传统村落保护专项资金；通过以奖代补、贷款贴息等形式，加大财政投入力度，用于村庄环境整治、传统建筑保护利用示范、历史环境要素修复、卫生等基础设施完善、文物保护、非物质文化遗产等项目保护。

二是多措并举吸引社会资本介入传统村落保护。运用PPP模式吸引社会力量参与无疑是解决传统村落保护资金匮乏的一种有效渠道。通过积极招商引资，充分发挥市场主体作用，以产权换资金、以资源换渠道、以市场换项目，鼓励各种市场资源积极参与；选取有一定价值的古民居面向社会公开认领、认租、认购，争取一部分

资金支持；还可通过个人出资、众筹等方式，充分调动民间力量参与传统村落、古民居保护利用工作。

三是统筹使用传统村落保护的各项资金。分配资金既要考虑全局，也要兼顾重点，将资金真正用到传统村落中濒临倒塌建筑的抢救保护和民居的改造利用上，以"重点优先、申请优先、总量控制"为原则，按一定标准进行分配。要根据传统村落的历史渊源、建造时间等各方面因素，区别轻重缓急，以先急后缓、先重点后一般的顺序，列出保护时间表，分类别、分阶段给予资金支持。

四是引入资金使用的监督机制。传统村落保护工作具有较强的专业性，因而地方政府对资金的管理监督需要借助文物保护单位或第三方市场主体进行。

第六章 吴越传统村落的旅游活化案例

中国传统村落文化抢救与研究

文化区系列

第一节
诸葛村的社区主导型模式

一、诸葛村简介

诸葛村是中国现存诸葛亮后裔最大聚居村落,历史十分悠久,历史记载完整,现存古村落面貌完好。无论是村落建筑、古道、池塘这样的不可移动文物,还是民俗、礼仪等以精神文化形式存在的、传承性极强的非物质文化遗产,在诸葛村都得到了妥善的保护。

诸葛村原名高隆镇,地处浙江省的杭州、金华和衢州三市交界处的兰溪市西郊,有700多年的建村历史和鲜明的特色。取名"诸葛"是由于村落中主要居民均为诸葛亮后裔。公元952年诸葛亮14世孙诸葛利宦游山阴(今浙江绍兴)后任寿昌县令,卒于寿昌。为避战乱,其子诸葛青由寿昌徙往兰溪西陲砚山下。元代初期,因原址局面狭窄,诸葛亮27世孙诸葛大狮觅得地形独特的高隆岗,不惜以重金从王姓人氏手中购得土地,并以先祖诸葛亮九宫八卦阵布局营建村落。从此,诸葛亮后裔们便聚族于斯,瓜瓞绵延。至明代后半叶,此地已形成一个建筑独特、人口众多、规模庞大的村落。纵观整个村落,四周被8座小山环绕,这8座小山十分符合古时八卦的方位,村中以"钟池"为中心向四周放射出8条石径小巷,构成全村的骨架,把村落分成乾、坎、艮、震、巽、离、坤、兑八个区域。

村落布局结构清楚,厅堂和民居形制多、质量高,宗祠规模宏大、结构独特，各种建筑的木雕、砖雕、石雕工艺豪华、内容丰富，古建筑总面积约 6 万平方米。村内地形跌宕起伏，古建筑群布局合理，连绵起伏。村中水塘波光粼粼，竹木茂盛，巷道纵横，错落有致。

村落景观多样而优美，既有鳞次栉比的古建筑群，又有环水塘而建的古商业中心，使全村形成了一个丰富而统一的整体。有专家学者称其为"江南传统古村落、古民居典范"。诸葛村是全国保护群体最大、形制最齐、文化内涵很深厚的一个传统村落。1996 年，诸葛村被国务院列为全国重点文物保护单位。

二、诸葛村的旅游活化实践

诸葛村的传统村落保护和旅游管理几经坎坷。经过 10 多年的实践和探索，如今村落保护和旅游管理已趋于良性循环，形成了保护为主、合理利用的模式，旅游的收益促进了传统村落的有效保护。

1996 年，兰溪市政府为了旅游开发，认为诸葛村体制不顺、机制不活，于是改变了诸葛村原有的体制，接管了诸葛村原来的文物旅游管理处，成立了由当地镇政府主管的"诸葛旅游公司"，并由镇政府经营管理。但事实上，公司只是个空架子，既没有资产也没有资金投入，由于诸葛村的古建筑产权属于村集体和村民，因此公司每年的门票收入要返还一部分给诸葛村，除去景区开支后公司已没有利润。

由于公司主要由镇政府经营管理，村集体和村民的参与权有限，诸葛村村干部和村民日益表达出了一种无奈的不满，村委会也开始淡出协调管理，保护和旅游基础设施投入积极性不高，当地政府也因这种产权机制而不愿对诸葛村进行投入。经营者和产权所有者难以统一。

1997年，在大力发展旅游业、做大做强诸葛村的市场大潮思想驱动下，当地政府启动了"孔明苑"项目，为了实施该项目，成立了兰溪市旅游发展有限公司。公司由兰溪市旅游局控股，村、镇参股。但该项目严重违反了《诸葛村保护规划》，刚实施不久就遭到文物管理部门和专家的极力反对，《人民日报》、浙江卫视相继予以曝光，该项目中途被迫停止。但它已经对诸葛村的自然环境造成严重破坏，村口的出水口被破坏了，留下了众多由房地产开发商开发的不伦不类的房子，这就是诸葛村现在的"新商业街"。由于得到了及时的阻止，房地产开发商遗留下部分来不及开发的土地，村委会以高于原价近10倍的价钱从房地产开发商手中买回，兰溪市旅游发展有限公司随之解散。

经过几年来政府的前期启动和扶持，诸葛村的村干部和村民已意识到诸葛村文物保护的重要性和旅游开发价值。1998年之后，市政府基本淡出旅游公司的直接管理，经营权重新下放给诸葛村，村干部的思想观念有了更大的转变，这是最关键的。村委会决定把旅游业作为诸葛村的主要产业来发展，并认识到：旅游的载体必须建立在诸葛村的古建筑上，只有保护好诸葛村的所有古建筑和整治好诸葛村的整体环境景观，诸葛村的旅游业才有生命力。

此后几年诸葛村通过银行借贷、民间筹资、门票收入及集体可支配的资金投入旅游基础设施建设。经过几年的滚动式发展，旅游门票收入从1994年的2万多元发展到2004年的500余万元。同时，也带动了村里第三产业的发展，村民参与的交通运输业、餐饮住宿业等商业收入达2000多万元。村里连续几年对古建筑的保护和旅游开发共投入近4000万元，维修古建筑3万多平方米，投资1000多万元复原上塘古商业街，这些都是在村干部自行施工、自行监督管理下完成的。"百年老店"天一堂遗址、大经堂、下当铺、上当铺、雍睦堂都是经过大修后相继对游人开放的，用以展示诸葛村的传统中药文化和民俗文化。村内的主要道路、巷道都进行仿古整修，埋设污水管道，建造公厕，三线地埋，绿化植树，清污改水，环境得到大大改善，使整个村落景观形成了一个有机的整体。同时，加强对公司的企业化管理，培训导游、营销人员，加大宣传推广力度，以提高景区的知名度，每年仅用于广告营销的费用就有100多万元。

诸葛村现与旅游发展公司的关系是：资产归村经济合作社所有，公司是村委会、经济合作社辖下的经营企业。村民建房和审批、村内基础设施投入、环境卫生管理、村民福利待遇、旅游建设项目投入、行政事务都由村委会管。公司负责景区旅游经营和宣传营销工作，门票收入按比例上缴村集体，村委会每年对公司下达一定的经济考核指标，公司独立核算，利润上缴村集体，村委会等于是董事会。村委会和公司形成管理上既分又合、既合又分的一体化模式。村集体财务受村民公开监督，使村民对集体经济比较放心。

诸葛村现阶段的体制一定程度上解决了产权经营层面上的矛盾，产权和经营权都是集体的，不易产生利益分配纠纷。村里的决策权比较主动，它能把所有可支配的集体资金都用在村落保护和旅游开发上。由于所有收益是用在对自己家园的保护、建设和旅游开发上，村民既是受益者，同时也是公司的股东。他们对这些年来村落的变化、集体资产的增加、旅游收入的逐年增长、老年人福利待遇的提高给予了肯定，村民的思想观念也有了提高。村里也因势利导，加强宣传教育，制订一些操作可行的村落保护措施和村规民约，使村民进一步认识到了资源保护的重要性。

部分古民居年久失修，而有些村民不愿意投入很大的资金去维修。为了抢救这些古民居，村委会采取三种方法处理：

第一，村委会与户主协商予以收购，由村里出钱维修，产权归属村集体。

第二，对经济条件差的住户给予经济补助，由村集体补助一部分维修费用。

第三，对部分住宅由于几家共有而在维修经费分摊上难以统一，但这些房子又濒临倒塌的情况，村委会采取强制抢修。要求户主与村委会双方签订协议，抢修前对危房进行估价，抢修费先由村委会垫付，房屋修好后使用权归村委会，五年之内户主交清维修费后，村委会将使用权归还；超过五年户主未能交清维修费的，村委会付给户主维修前评估的房价，产权归村委会所有。

另外，诸葛村还规划了新区，将一部分由于居住面积不够或旧房确实不宜居住的村民安置到新区建房。但是在批准新房前，村民必须先与村委会签订原老房子的保护合同，合同条款中规定由于新房建成外迁后，对老房子不予保护和维修而造成毁坏的，村里有权将老房子强制收归集体保管和使用。

诸葛村有一支长年维修古建筑的土生土长的工匠队伍，在诸葛村的保护修缮中，祖传工艺得以传承和发挥。传统村落的保护从小修小补到整体复原或大修都需要乡土建筑文化知识，那些木匠、石匠、泥瓦匠、雕花匠在实际操作中经过摸索、模仿和专业人士的指点，已逐渐掌握了一些历史建筑的结构、风格等知识和修缮方法。投资上千万元的上塘古商业街的复原工程和"三荣堂"的整体复原工程都是由这些土工匠承担的。

三、诸葛村旅游活化模式的启示

诸葛村的整体占地面积不足 1 平方千米，而古建筑比较集中的游览区占了一半，旅游业开放了 10 年多的时间，但整个村落基本上还保持原汁原味。按科学合理的容纳量来算，每日应不超过 3000 名游客，因景区居住的村民就有 4000 多人，加上周边的人流，已很拥挤。过多的游人会给村落造成生态失衡，村民平静的生活被搅乱，把大部分村民迁出去也不现实。再则人多后商业气息自然变得浓厚起来，村民世代延续的生活习俗会被淡化，取而代之的是暂时性的商业繁荣，而旅游业最终可能会萎缩。传统村落的保护是村落文化、民俗文化的保存和延续，单纯的利益驱使会给传统村落带来破坏。传统村落能完整地保存下去，确实与一幢单体建筑保护有所不同，它的工作量和困难都远远超过人们的想象，它的工作是长期而不是短期的。

能完整地把一个传统村落保存下来，它的工作量远比开创一个新经济开发区大得多。诸葛村这些年花了很大的精力，也投入了很多资金，陌生人乍一看去也不过是"老样子"。保护传统村落是历史赋予我们的责任，诸葛村的保护和它的旅游开发能有今天，单靠诸葛村自治是很难实现的，它需要政府的长期支持和呵护。诸葛村还重新修改编制了《诸葛村保护规划》，在村落自治管理基础上加强法制化、规范化管理，积极发展旅游业，使村落的建筑和文化得到持久的科学保护和合理利用。

这种内生性村治模式，类似于二十世纪七八十年代乡镇企业发展较为成功的江南模式。这一开发模式的优势在于充分关注居民和其他直接利益主体的利益，不仅能够充分调动民间资本，解决资金问题，而且往往利用其较为丰富的社会资源和传统道德资源，使村落的历史风貌得到较好的保护。

第二节
宏村的政府主导、市场运作、群众参与型模式

一、宏村简介

宏村地处安徽省黄山市黟县境内，距离黟县县城11千米，始建于1131年，有800余年历史，属于徽文化的核心区。宏村以完整的古村落空间原型、精良的建筑艺术、神秘的建筑风水、显著的地域文化和独特的人文景观风貌，成为徽州传统村落的杰出代表。2000年，宏村被列入世界文化遗产名录。宏村旅游业的开发始于1986年，游客年均接待量在1996年以前均未突破2万人次，景区门票收入增长缓慢。1997年，地方政府引进北京中坤集团，同地方政府共同组建了黄山京黟旅游开发有限公司，负责黟县下属传统村落的旅游开发，并在宏村成立了宏村旅游开发公司。新的经营主体盘活了宏村的旅游发展，使宏村的旅游业焕发出生机。从旅游业统计数据来看，1997年以后，宏村旅游业发展迅猛，增长速度很快。

至 2015 年，宏村游客年均接待量达到了 185 万人次，年均门票收入达到 1.12 亿元，旅游业发展实现了质的飞跃。游客人次的大规模增加，促进了旅游接待设施的快速发展。目前，宏村已初步形成了多种价格区间、多种风格类型的客栈格局。

二、宏村的旅游活化实践

宏村的旅游开发模式是在实践中不断发展和完善的。总的来说，宏村尝试了三种旅游开发与运营模式：1986—1996 年，宏村的开发模式一直是行政型企业运营模式；1996 年，黟县旅游局将宏村的经营权交给宏村所在乡镇；1997 年，为了响应党的十五大号召，黟县旅游局将旅游业的经营权转让给社会，引入黄山京黟旅游开发有限公司，成功转型为公司制。

（一）行政型企业运营模式（1986—1996 年）

1986 年，黟县旅游局买下宏村内的重要景点承志堂，并对外开放，标志着宏村旅游业的真正起步。自此，黟县旅游局一直承担着宏村的经营管理，直至 1996 年 6 月。在此期间，政府作为企业主体，代表村民行使所有权，委派官员担任经营者，政府对其代理人的管理行为进行监督与制约。这种运营模式属于典型的行政型企业运营模式，其最大的缺点是政企不分，导致企业治理行为行政化，带来的直接后果是责任主体缺位，使企业丧失活力，产生高昂的运营成本。这一阶段宏村的旅游门票收入、旅游总收入虽总体呈增长趋势，但增长缓慢。

（二）乡镇管理模式（1996—1997年）

1996年6月，黟县旅游局因种种原因把宏村的经营权交给宏村所在的际联镇。这一阶段是黟县政府对旅游业运营机制的探索阶段。党的十五大召开后，黟县政府积极响应党中央的号召，将经营权转让给社会。

（三）公司制（1997年至今）

1997年，县政府积极引入黄山京黟旅游开发有限公司，负责宏村旅游景点的日常经营活动。自此，宏村的旅游业经营进入了"特殊的"企业治理阶段。虽然这一时期，产权关系模糊的租赁经营不能完全界定为现代企业运营模式，但旅游业得到长足发展，门票收入在1998年和1999年分别达到24万元和100余万元，成功探索出一条以"政府主导、市场运作、群众参与"的遗产保护管理与开发利用的新模式，得到了业内人士的赞赏和认同。

出让宏村的经营权使当地旅游业得到了巨大的发展，但由于种种原因，当地的村民并未受益，很多村民因村子被承包后失去了导游等就业机会，每年的补助少得可怜，只能靠务农和外出打工来讨生活。以开发公司为主体的开发模式并没有根本改善当地居民的生活状况，也没有使当地经济得到实质性的发展。在旅游业发展过程中，开发公司与当地村民的利益分配关系也经历了曲折的发展过程。特别是2000年宏村被列入世界文化遗产名录后，当地旅游业迅猛发展，经济效益快速提高，当地居民愈加不满于1997年经营权出让协议中与自己利益有关的条款，并通过各种途径，采取各种手段要求收回经营权。2001年，黟县政府、黄山京黟旅游开发有限公司与宏村村民协商，对原协议进行了适当修改。

三、宏村旅游活化模式的启示

从宏村的保护和旅游开发模式中，我们可以看出，不同的传统村落有不同的适合自己的保护和旅游开发模式。即使是同一个旅游企业，采用不同的运营机制也会带来不同的效益。但无论采用何种模式，都要注意把握好以下几个问题。

（一）要注重长远规划

许多传统村落的开发都缺乏长远的可持续发展规划，仅局限于开发古迹，忽略了原住居民和特色文化的传承，没有把保护、修复与开发相结合，盲目地开发，对古迹造成了不可逆转的破坏。因此，在开发传统村落前，一定要注重长远规划，本着"保护第一，开发第二"的原则，在保护的前提下开发，在开发中切实做好保护。

（二）要注重社区参与

无论是旅游规划、社区开发还是利益分配过程，都应该让社区居民参与，应该把居民的利益放在首位。传统村落居民在旅游企业中既是股东之一,也是旅游业发展的重大利益相关者,这决定了当地居民在公司重大问题上应该拥有参与决策、对公司管理进行监督和维护自己合法权益等权利。经营者应建立与居民代表对话的良好协商机制,充分尊重当地居民的权益和意见,并让居民参与到旅游活动中。很多传统村落开发就是因为这个问题没有解决好,导致旅游业难以可持续发展。

(三)要协调好各方关系

对于传统村落旅游企业来说,在探索科学合理的开发模式的过程中,如何协调好所有权与经营权的关系、经济发展与旅游承载力的关系、规划开发与可持续发展的关系、主客文化差异的关系、社区居民与开发商利益的关系,以及如何面对旅游企业自身的发展等问题,是决定开发模式成败的关键,也是旅游业可持续发展的重中之重。虽然目前宏村在保护和旅游开发中取得了世人瞩目的成绩,值得我国其他类似的传统村落学习和效仿,但同时,宏村也面临着一些新的挑战,如古民居受损严重,维修资金不足,修缮技术面临失传、各种污染给传统村落的环境带来沉重压力、旺季旅游接待量超过当地的旅游承载力等问题。这些都需要我们理顺各种关系,解决好上述问题,只有这样,才能使宏村的传统村落旅游成为常青树,真正使传统村落建筑与文化得以传承。

第三节
杨柳村的外力主导型模式

一、杨柳村简介

杨柳村坐落于江苏省南京市湖熟街道，距南京主城区 40 千米。目前，杨柳村共有居民 316 户，人口 1348 人，村落有保存较为完好的始建于明代的古建筑群。杨柳村整体上坐北朝南，背靠马场山，前临杨柳湖，总占地面积为 1.12 公顷，是南京目前规模最大的明清民宅遗存之一，是大城市边缘型传统村落。2009 年 9 月，杨柳村古建筑群被中共南京市委宣传部列为南京对外交流基地。2013 年 5 月，又被国务院确定为第七批全国重点文物保护单位之一。同时，杨柳村还是江苏省四星级乡村旅游景区。

二、杨柳村现状

杨柳村并不像我们想象得那样由于距离南京主城区很近而受到中心城市扩散发展的强大冲击，实际上该村处于经济相对传统化和生态保持相对完好的状态。杨柳村的经济是较为单纯的农业经济，农作物以芝麻、红薯及豆类为主。村中几乎没有工业企业，仅在村西侧有一个砖瓦厂，用以满足本村及周边村庄的房屋建设需要。因此，近 20 年来村庄及其周边的自然生态环境变化不大。这对生态环境的保护是有利的，但同时经济也相对落后。按照经济学的观点，资金的投向与流动总是趋于利益最大化的地区。这也是杨柳村的村庄建设与大城市建设形成巨大差距的原因。换个角度看，投资者不愿在杨柳村投资，对杨柳村的生态环境而言却是件好事。

今天，杨柳村的乡村环境正在面临改变。对于杨柳村北侧的方山要"开发"的传闻，有些村民心存不满，因为"开发"将会占用他们自家的耕地。对于在一定程度上自给自足的农村经济而言，占用耕地必然会影响村民的收入。但对另一些村民而言，"开发"却又意味着些许朦胧的希望，尽管他们并不知道方山的"开发"究竟是要做什么。

总的来说，村民对于"开发"，或对于环境的变化，既不存在反对，也不存在支持，用一个词概括就是冷漠。难道环境的内涵已超出村民的理解能力范围？

杨柳村留存下来的传统建筑大多是私有房产，仅有一处祠堂为公有房产。祠堂一度成为安置残疾军人的地方，后又被作为中学使用，现在是一个劳保用品作坊所在地。当村民被问及对这些传统建筑有无保护措施时，他们总是说："自家的房子，哪个来管？"这是对私有财产的一个普遍观念：我可以全权处理自己的房子。由此一来，杨柳村传统建筑的存留在很大程度上取决于村民的经济状况。

三、杨柳村的旅游活化实践

（一）杨柳村发展概况

杨柳村曾于2012年入选江宁区第二批"金花村"，同时也是江苏省十大历史文化名村之一。依托这样的自然人文基础，在江宁区湖熟街道、江宁交通建设集团、江宁区高新园、江宁区文化广电局及村委的共同参与下，杨柳村进行了村落的开发建设工作。但是目前杨柳村的经营状况并没有达到预期效果，其旅游项目如"上元灯彩""端午龙船"等只能在特定节日吸引大量的游客，时效性较强，缺乏持续吸引力；而一些旅游项目如"游船项目"则由于平时客流量不足，一般处于停业状态。开发公司为了弥补经营亏损，其核心旅游节点"九十九间半"民俗博物馆及入口处的停车场开始收取门票及停车费用，这种饮鸩止渴的做法消耗了杨柳村的旅游吸引力。游客数量的减少将进一步影响村内仅存的10家农家乐的经营状况，使整个杨柳村的开发建设进入恶性循环。

（二）杨柳村乡村治理的主体架构

江宁区湖熟街道、江宁交通建设集团、江宁区高新园、江宁区文化广电局共同参与杨柳村的开发，并由江宁区高新园牵头组建南京杨柳湖文化发展有限公司推进乡村的开发建设。在平台的建设过程中，不同主体以不同的方式入股分红，江宁交通建设集团以承担杨柳村基础设施建设的方式入股，江宁区文化广电局以承担博物馆建设及运营的方式入股，江宁区湖熟街道则通过将村里的土地进行流转的方式入股。在杨柳村乡村治理架构中，江宁区高新园负责主要的管理运营工作，江宁区湖熟街道负责项目的协调和推进。通过调研发现，在具体的建设过程中，由于村里的土地已经被流转出去，因此湖熟街道及其下辖的村委会相应地就缺少与其他治理主体谈判的砝码，在治理上处于一种弱势地位，缺少对杨柳村开发的话语权，利益分割时也处于不利地位。而外来的开发主体及上级单位在资金及行政管理方面占有优势，在这一过程中掌握了主导权，杨柳村多元治理主体之间呈现出一种"权—利"交织的非均衡关系。

（三）杨柳村旅游发展模式的对比与反思

在具体的建设中，杨柳村的开发根据上级单位及外来开发主体的建设意愿，首先进行基础设施更新建设。但是在对当地居民进行访谈时了解到，基础设施建设虽然在一定程度上改善了村庄的物质环境，但同时也破坏了村庄原有的生态格局，村民生活区的基础设施改善较为滞后。此外，由于利益着眼点的不同，开发主体为了弥补亏损，对景区博物馆及停车场进行收费。这些行为一方面削弱了杨柳村历史文化对游客的吸引力，另一方面也影响了杨柳村本就经营困难的农家乐经营者的收益。但作为杨柳村本地村民，他们的意见却无法影响上层开发者的决策。

通过对杨柳村开发过程的分析可以发现，杨柳村的开发是在市场的强力干预下进行的，基于"权—利"关系形成的多元治理主体，对杨柳村人文历史最了解的村委会及村民处在被动配合的位置，对乡村发展没有话语权，可以说这种乡村开发背离了乡村建设的原本意义。杨柳村的乡村建设呈现出一种非均衡的多级外来治理主体之间内耗式的开发特征，缺少主要的开发责任承担者。村民建设主体缺失，乡村文化沦为市场化及城镇化进程中城市居民的消费品，其实质是乡村文化的迷失。

纵观国内外乡村治理主体及乡村发展模式，笔者发现以政府或企业单方面主导的乡村开发常常会造成乡村异化的后果。乡村发展的根本问题还是要发动本地村民的积极性，构建基于乡土文化的现代乡村发展的治理体系。然而，在乡村资源匮乏、基层政府难以支撑乡村转型发展的情况下，基层政府往往寄希望于企业主体，导致处于弱势的村民集体要被动地配合所谓的乡村复兴式的开发。这种过度商业化的乡村开发不仅会破坏乡村的人文生态，同时开发出的村落往往也缺少足够的生命力，因此是一种不可持续的发展模式。

　　针对目前多元主体发展的困境，笔者提出以下建议：在国家层面，应规范政府行为，使基层政府成为乡村发展的引导者，鼓励基层政府与村民形成良好的互动，积极做好乡村基础设施环境改善工作，明确基层政府的权责关系，避免基层政府与村民之间相互推诿，明确乡村治理的主体；在社会层面，积极引导村民形成经济发展组织，积极探索农业产业转型，同时注重乡村文化建设，注重民俗文化遗产的保留；在个人层面，要提高村民的积极性，推广先进农业种植技术及生产技能，培养村民的文化自信。

参考文献

REFERENCES

[1] 张海鹏，王廷元.明清徽商资料选编[M].合肥：黄山书社，1985.
[2] 张海鹏，王廷元.徽商研究[M].合肥：安徽人民出版社，1995.
[3] 张荷.吴越文化[M].沈阳：辽宁教育出版社，1991.
[4] 董楚平，金永平.中华文化通志·吴越文化志[M].上海：上海人民出版社，1998.
[5] 李娟文，游长江.中国旅游地理[M].大连：东北财经大学出版社，2002.
[6] 陆林，凌善金，焦华富.徽州村落[M].合肥：安徽人民出版社，2005.
[7] 李琳琦.徽州教育[M].合肥：安徽人民出版社，2005.
[8] 徐清祥.吴越古村落：走在乡间的小路上[M].广州：广东旅游出版社，2011.
[9] 王法辉.基于GIS的数量方法与应用[M].姜世国，滕骏华，译，北京：商务印书馆，2009.
[10] 周建明.中国传统村落——保护与发展[M].北京：中国建筑工业出版社，2014.
[11] 韩霞.中国古村落[M].北京：中国商业出版社，2015.
[12] 王成新.结构解读与发展转型：中国城市化综合思辨[M].北京：人民出版社，2017.
[13] 董楚平.吴越文化概述[J].杭州师范学院学报，2000（2）：10-13.
[14] 吴霓.从古代私学的发展看中国文化重心南移现象[J].北京大学教育评论，2005（3）：26-31，57.
[15] 靳怀堾.水与中华区域文化——以吴越文化为例[J].河海大学学报（哲学社会科学版），2008（4）：5-10.
[16] 刘朝晖.村落保护的空间规划与文化价值重构[J].浙江大学学报（人文社会科学版），2017（5）：118-128.
[17] 卢贵敏.田园综合体试点：理念、模式与推进思路[J].地方财政研究，2017（7）：8-13.
[18] 高茜.传统村落空间形态特色研究[J].西安科技大学学报，2015（4）：519-523.
[19] 陈信，李王鸣.区域视角下传统村落组群风貌的空间特征——以丽水市传统村落为例[J].经济地理，2016（10）：185-192.
[20] 李萍，王倩，Chris Ryan.旅游对传统村落的影响研究——以安徽齐云山为例[J].旅游学刊，2012（4）：57-63.
[21] 张浩龙，陈静，周春山.中国传统村落研究评述与展望[J].城市规划，2017（4）：74-80.
[22] 刘大均，胡静，陈君子，等.中国传统村落的空间分布格局研究[J].中国人口·资源与环境，2014（4）：157-162.
[23] 丁家钟，贺云翱.长江文化体系中的吴越文化[J].南京大学学报（哲学·人文科学·社会科学），1998（4）：70-73.
[24] 申秀英，刘沛林，邓运员，等.中国南方传统聚落景观区划及其利用价值[J].地理研究，2006（3）：485-494.
[25] 吴必虎.中国文化区的形成与划分[J].学术月刊，1996（3）：10-15.

[26] 刘沛林, 刘春腊, 邓运员, 等. 中国传统聚落景观区划及景观基因识别要素研究[J]. 地理学报, 2010（12）: 1496-1506.
[27] 申庆喜, 李诚固, 刘倩. 基于服务设施布局视角的城市空间结构研究——以长春主城区为例[J]. 经济地理, 2017（3）: 129-135.
[28] 曹迎春, 张玉坤. "中国传统村落"评选及分布探析[J]. 建筑学报, 2013（12）: 44-49.
[29] 肖刚, 杜德斌, 李恒, 等. 长江中游城市群城市创新差异的时空格局演变[J]. 长江流域资源与环境, 2016（2）: 199-207.
[30] 谢志华, 吴必虎. 中国资源型景区旅游空间结构研究[J]. 地理科学, 2008（6）: 748-753.
[31] 王洪桥, 袁家冬, 孟祥君. 东北地区A级旅游景区空间分布特征及影响因素[J]. 地理科学, 2017（6）: 895-903.
[32] 禹文豪, 艾廷华. 核密度估计法支持下的网络空间POI点可视化与分析[J]. 测绘学报, 2015（1）: 82-90.
[33] 刘昌雪, 汪德根. 城市创意旅游资源空间效应及发展模式——以苏州市中心城区为例[J]. 地理研究, 2016（5）: 977-991.
[34] 刘馨秋, 王思明. 长江流域的人口迁移、农业开发及土地利用方式[J]. 草业科学, 2013（12）: 2084-2090.
[35] 李伯华, 陈淑燕, 刘一曼, 等. 旅游发展对传统村落人居环境影响的居民感知研究——以张谷英村为例[J]. 资源开发与市场, 2017（5）:604-608.
[36] 熊梅. 中国传统村落的空间分布及其影响因素[J]. 北京理工大学学报（社会科学版）, 2014（5）: 153-158.
[37] 李煜兴, 周佑勇. 长三角地区区域规划实施的法律保障机制研究[J]. 华东经济管理, 2010（2）: 37-39.
[38] 李咪, 芮旸, 王成新, 等. 传统村落的空间分布及影响因素研究——以吴越文化区为例[J]. 长江流域资源与环境, 2018（8）: 1693-1702.
[39] 谈佳洁, 王晓静. 大都市周边传统村落保护与开发的困境和对策——基于上海五个传统村落的实地调查[J]. 中国建设信息化, 2018（7）: 58-63.
[40] 刘馨秋, 王思明. 农业遗产视角下传统村落的类型划分及发展思路探索——基于江苏28个传统村落的调查[J]. 中国农业大学学报（社会科学版）, 2019（2）: 129-136.
[41] 王金敖. 乡村振兴视阈下的台州传统村落可持续发展路径探讨[J]. 浙江农业科学, 2019（5）: 840-843, 847.
[42] 冯琼, 武敏. 传统村落保护的政策架构及其实施影响研究[C]// 规划60年: 成就与挑战——2016中国城市规划年会论文集. 北京: 中国建筑工业出版社, 2016.
[43] 李艳旗. 湖南地区单一姓氏聚居传统村落建筑布局研究[D]. 长沙: 湖南大学, 2010.
[44] 季夏莹. 浙江传统山地村落外部空间特色初探——以永嘉与兰溪县为例[D]. 北京: 中国美术学院, 2013.
[45] 张力智. 儒学影响下的浙江西部乡土建筑[D]. 北京: 清华大学, 2014.
[46] 宋光伟. 江浙地区民居的研究及对现代建筑创作的启示[D]. 西安: 西安建筑科技大学, 2015.
[47] 吴思芸. 安徽古村落空间环境的保护与传承研究[D]. 芜湖: 安徽工程大学, 2017.
[48] 吴昊. 安徽古村落文化传承与现代文创设计研究[D]. 芜湖: 安徽工程大学, 2017.

附录：吴越传统村落名单

表 7-1　吴越传统村落上海市部分

序号	批次	名称
1	第一批 （2012-12-17）	闵行区马桥镇彭渡村
2		闵行区浦江镇革新村
3		宝山区罗店镇东南弄村
4		浦东新区康桥镇沔青村
5		松江区泗泾镇下塘村

表 7-2　吴越传统村落江苏省（苏南地区）部分

序号	批次	名称
1	第一批 （2012-12-17）	无锡市惠山区玉祁镇礼社村
2		苏州市吴中区东山镇陆巷古村
3		苏州市吴中区金庭镇明月湾村
4	第二批 （2013-08-26）	南京市江宁区湖熟街道前杨柳村
5		南京市高淳区漆桥镇漆桥村
6		无锡市锡山区羊尖镇严家桥村
7		常州市武进区前黄镇杨桥村
8		苏州市吴中区东山镇三山村
9		苏州市吴中区东山镇杨湾村
10		苏州市吴中区东山镇翁巷村
11		苏州市吴中区金庭镇东村村
12		苏州市常熟市古里镇李市村
13		镇江市新区姚桥镇华山村
14		镇江市新区姚桥镇儒里村
15		镇江市丹阳市延陵镇九里村
16		镇江市丹阳市延陵镇柳茹村
17	第三批 （2014-11-17）	常州市武进区郑陆镇焦溪村

续表

序号	批次	名称
18	第三批 （2014-11-17）	苏州市吴中区金庭镇衙甪里村
19		苏州市吴中区金庭镇东蔡村
20		苏州市吴中区金庭镇植里村
21		苏州市吴中区香山街道舟山村
22		苏州市昆山市千灯镇歇马桥村
23	第四批 （2016-12-09）	苏州市吴中区金庭镇蒋东村后埠村
24		苏州市吴中区金庭镇堂里村堂里
25	第五批 （2019-06-06）	镇江市丹徒区辛丰镇黄墟村
26		常州市溧阳市昆仑街道沙涨村

表7-3 吴越传统村落浙江省部分

序号	批次	名称
1	第一批 （2012-12-17）	杭州市富阳市龙门镇龙门村
2		杭州市建德市大慈岩镇新叶村
3		杭州市桐庐县江南镇深奥村
4		宁波市奉化市溪口镇岩头村
5		宁波市象山县石浦镇东门渔村
6		宁波市余姚市大岚镇柿林村
7		宁波市余姚市梨洲街道金冠村
8		宁波市余姚市鹿亭乡中村
9		宁波市宁海县茶院乡许民村
10		温州市苍南县矾山镇福德湾村
11		温州市苍南县桥墩镇碗窑村
12		温州市乐清市仙溪镇南阁村
13		温州市永嘉县岩头镇芙蓉村
14		温州市永嘉县岩坦镇屿北村
15		湖州市南浔区和孚镇荻港村
16		绍兴市嵊州市金庭镇华堂村
17		绍兴市诸暨市东白湖镇斯宅村

续表

序号	批次	名称
18		绍兴市绍兴县稽东镇冢斜村
19		金华市金东区傅村镇山头下村
20		金华市磐安县尖山镇管头村
21		金华市磐安县双溪乡梓誉村
22		金华市浦江县白马镇嵩溪村
23		金华市浦江县虞宅乡新光村
24		金华市浦江县郑宅镇郑宅镇区
25		金华市婺城区汤溪镇寺平村
26		金华市武义县大溪口乡山下鲍村
27		金华市武义县熟溪街道郭洞村
28		金华市武义县俞源乡俞源村
29		金华市永康市前仓镇后吴村
30	第一批	衢州市龙游县石佛乡三门源村
31	（2012-12-17）	衢州市江山市大陈乡大陈村
32		舟山市岱山县东沙镇东沙村
33		台州市仙居县田市镇李宅村
34		台州市仙居县白塔镇高迁村
35		丽水市缙云县新建镇河阳村
36		丽水市景宁县大际乡西一村
37		丽水市龙泉市城北乡上田村
38		丽水市龙泉市兰巨乡官浦垟村
39		丽水市龙泉市西街街道宫头村
40		丽水市龙泉市小梅镇大窑村
41		丽水市龙泉市小梅镇金村村
42		丽水市遂昌县焦滩乡独山村
43		丽水市庆元县濛州街道大济村
44		杭州市桐庐县富春江镇石舍村
45	第二批	杭州市桐庐县凤川街道翙岗村
46	（2013-08-26）	杭州市桐庐县江南镇荻浦村
47		杭州市桐庐县江南镇徐畈村

续表

序号	批次	名称
48		杭州市淳安县鸠坑乡常青村
49		宁波市宁海县长街镇西岙村
50		宁波市宁海县深甽镇龙宫村
51		宁波市宁海县深甽镇清潭村
52		宁波市奉化市尚田镇茗雪村
53		温州市永嘉县岩头镇苍坡村
54		温州市苍南县龙港镇鲸头村
55		温州市泰顺县泗溪镇下桥村
56		绍兴市嵊州市竹溪乡竹溪村
57		金华市武义县柳城镇华塘村
58		金华市磐安县盘峰乡榉溪村
59		金华市磐安县胡宅乡横路村
60		金华市兰溪市兰江街道姚村村
61		金华市兰溪市女埠街道垷坦村
62	第二批（2013-08-26）	金华市兰溪市女埠街道渡渎村
63		金华市兰溪市女埠街道虹霓山村
64		金华市兰溪市诸葛镇诸葛村
65		金华市兰溪市诸葛镇长乐村
66		衢州市开化县马金镇霞山村
67		衢州市龙游县塔石镇泽随村
68		衢州市江山市凤林镇南坞村
69		衢州市江山市石门镇清漾村
70		台州市椒江区大陈镇大小浦村
71		台州市黄岩区屿头乡布袋坑村
72		台州市玉环县干江镇白马岙村
73		台州市三门县横渡镇东屏村
74		台州市天台县平桥镇张思村
75		台州市仙居县皤滩乡上街下街村
76		台州市温岭市石塘镇里箬村
77		台州市临海市东塍镇岭根村

续表

序号	批次	名称
78		台州市临海市汇溪镇孔坵村
79		丽水市青田县阜山乡安店村
80		丽水市松阳县古市镇山下阳村
81		丽水市松阳县象溪镇靖居村
82		丽水市松阳县大东坝镇六村村
83	第二批	丽水市松阳县大东坝镇横樟村
84	(2013-08-26)	丽水市松阳县望松街道吴弄村
85		丽水市松阳县三都乡杨家堂村
86		丽水市松阳县三都乡周山头村
87		丽水市松阳县赤寿乡界首村
88		丽水市龙泉市西街街道下樟村
89		丽水市龙泉市安仁镇季山头村
90		丽水市龙泉市道太乡锦安村
91		杭州市桐庐县富春江镇茆坪村
92		杭州市桐庐县江南镇环溪村
93		杭州市桐庐县莪山畲族乡新丰民族村戴家山村
94		杭州市桐庐县合村乡瑶溪村
95		杭州市淳安县浪川乡芹川村
96		杭州市建德市大慈岩镇李村村
97		杭州市建德市大慈岩镇上吴方村
98	第三批	宁波市鄞州区姜山镇走马塘村
99	(2014-11-17)	宁波市鄞州区章水镇李家坑村
100		宁波市鄞州区章水镇蜜岩村
101		宁波市宁海县力洋镇力洋村
102		宁波市宁海县一市镇东岙村
103		宁波市宁海县越溪乡梅枝田村
104		宁波市奉化市萧王庙街道青云村
105		宁波市奉化市溪口镇栖霞坑村
106		温州市瑞安市湖岭镇黄林村
107		湖州市吴兴区织里镇义皋村

续表

序号	批次	名称
108		湖州市安吉县鄣吴镇鄣吴村
109		金华市兰溪市永昌街道社峰村
110		金华市兰溪市黄店镇芝堰村
111		金华市东阳市巍山镇大爽村
112		金华市东阳市虎鹿镇蔡宅村
113		衢州市龙游县溪口镇灵下村
114		衢州市江山市廿八都镇枫溪村
115		衢州市江山市廿八都镇花桥村
116		台州市黄岩区富山乡半山村
117		台州市天台县街头镇街二村
118		台州市温岭市石塘镇东山村
119		台州市临海市邵家渡街道年坑村
120		台州市临海市白水洋镇龙泉村
121		丽水市莲都区雅溪镇西溪村
122	第三批	丽水市缙云县壶镇镇岩下村
123	（2014-11-17）	丽水市松阳县西屏街道桐溪村
124		丽水市松阳县水南街道桥头村
125		丽水市松阳县玉岩镇白麻山村
126		丽水市松阳县玉岩镇大岭脚村
127		丽水市松阳县玉岩镇交塘村
128		丽水市松阳县象溪镇南州村
129		丽水市松阳县象溪镇雅溪口村
130		丽水市松阳县大东坝镇后宅村
131		丽水市松阳县大东坝镇燕田村
132		丽水市松阳县大东坝镇洋坑埠头村
133		丽水市松阳县新兴镇官岭村
134		丽水市松阳县新兴镇平卿村
135		丽水市松阳县新兴镇山甫村
136		丽水市松阳县新兴镇朱山村
137		丽水市松阳县新兴镇庄后村

续表

序号	批次	名称
138		丽水市松阳县叶村乡岱头村
139		丽水市松阳县叶村乡横坑村
140		丽水市松阳县叶村乡南岱村
141		丽水市松阳县斋坛乡吊坛村
142		丽水市松阳县斋坛乡上坌村
143		丽水市松阳县三都乡呈回村
144		丽水市松阳县三都乡黄岭根村
145		丽水市松阳县三都乡毛源村
146		丽水市松阳县三都乡上庄村
147		丽水市松阳县三都乡松庄村
148		丽水市松阳县三都乡尹源村
149		丽水市松阳县三都乡酉田村
150		丽水市松阳县三都乡紫草村
151		丽水市松阳县竹源乡横岗村
152	第三批	丽水市松阳县竹源乡后畲村
153	（2014-11-17）	丽水市松阳县竹源乡黄上村
154		丽水市松阳县四都乡陈家铺村
155		丽水市松阳县四都乡平田村
156		丽水市松阳县四都乡塘后村
157		丽水市松阳县四都乡西坑村
158		丽水市松阳县赤寿乡黄山头村
159		丽水市松阳县樟溪乡黄田村
160		丽水市松阳县樟溪乡球坑村
161		丽水市松阳县枫坪乡梨树下村
162		丽水市松阳县枫坪乡沿坑岭头村
163		丽水市松阳县板桥畲族乡张山村
164		丽水市松阳县安民乡安岱后村
165		丽水市云和县元和街道包山村
166		丽水市云和县元和街道梅塆村
167		丽水市云和县石塘镇桑岭村

续表

序号	批次	名称
168		丽水市云和县崇头镇坑根村
169		丽水市云和县崇头镇沙铺村
170		丽水市景宁畲族自治县梧桐乡高演村
171	第三批	丽水市龙泉市塔石乡南弄村
172	（2014-11-17）	丽水市龙泉市安仁镇大舍村
173		丽水市龙泉市屏南镇车盘坑村
174		丽水市龙泉市龙南乡蛟垟村
175		丽水市龙泉市龙南乡下田村
176		丽水市龙泉市龙南乡垟尾村
177		杭州市萧山区河上镇东山村
178		杭州市桐庐县凤川街道三鑫村
179		杭州市桐庐县江南镇石阜村
180		杭州市桐庐县江南镇彰坞村
181		杭州市桐庐县新合乡引坑村
182		杭州市建德市更楼街道于合村
183		杭州市建德市杨村桥镇徐坑村百箩畈自然村
184		杭州市建德市大洋镇建南村章家自然村
185		杭州市建德市三都镇乌祥村
186	第四批	杭州市建德市大慈岩镇里叶村
187	（2016-12-09）	杭州市建德市大慈岩镇双泉村
188		杭州市建德市大慈岩镇三元村麻车岗自然村
189		杭州市建德市大慈岩镇檀村村樟宅坞自然村
190		杭州市建德市大慈岩镇大慈岩村大坞自然村
191		杭州市建德市大同镇劳村村
192		杭州市建德市大同镇上马村石郭源自然村
193		杭州市富阳区场口镇东梓关村
194		杭州市临安市锦南街道横岭村
195		杭州市临安市湍口镇童家村
196		杭州市临安市清凉峰镇杨溪村
197		杭州市临安市岛石镇呼日村

续表

序号	批次	名称
198		宁波市鄞州区东吴镇勤勇村
199		宁波市宁海县一市镇箬岙村
200		宁波市奉化区裘村镇马头村
201		宁波市奉化区西坞街道西坞村
202		温州市永嘉县岩坦镇张溪林坑村
203		温州市平阳县顺溪镇顺溪村
204		温州市苍南县马站镇金城村
205		温州市文成县珊溪镇朱川村
206		温州市文成县峃口镇东方村
207		温州市泰顺县罗阳镇仙居村
208		温州市泰顺县罗阳镇洲滨村
209		温州市泰顺县司前畲族镇左溪村
210		温州市泰顺县筱村镇库村
211		温州市泰顺县筱村镇徐岙村
212	第四批	温州市瑞安市湖岭镇均路村
213	（2016-12-09）	湖州市南浔区旧馆镇港胡－新兴港村
214		湖州市长兴县泗安镇上泗安村
215		绍兴市柯桥区兰亭镇紫洪山村
216		绍兴市上虞区上浦镇董家山村
217		绍兴市新昌县回山镇回山村
218		绍兴市诸暨市次坞镇次坞村
219		绍兴市诸暨市五泄镇十四都村
220		绍兴市诸暨市璜山镇溪北村
221		绍兴市嵊州市崇仁镇崇仁六村
222		绍兴市嵊州市石璜镇楼家村
223		绍兴市嵊州市下王镇泉岗村
224		金华市金东区江东镇雅湖村
225		金华市武义县柳城畲族镇橄榄源村
226		金华市武义县柳城畲族镇梁家山村
227		金华市武义县柳城畲族镇东西村

续表

序号	批次	名称
228		金华市武义县柳城畲族镇上黄村
229		金华市武义县履坦镇范村
230		金华市武义县新宅镇上少妃村
231		金华市武义县桃溪镇陶村
232		金华市武义县柳城畲族镇金川村
233		金华市浦江县仙华街道登高村
234		金华市浦江县黄宅镇古塘村
235		金华市浦江县岩头镇礼张村
236		金华市浦江县檀溪镇潘周家村
237		金华市浦江县杭坪镇杭坪村
238		金华市浦江县杭坪镇石宅村
239		金华市磐安县尖山镇里岙村
240		金华市磐安县冷水镇朱山村
241		金华市兰溪市永昌街道永昌村
242	第四批	金华市兰溪市水亭畲族乡西姜村
243	（2016-12-09）	金华市义乌市赤岸镇尚阳村
244		金华市义乌市赤岸镇朱店村
245		金华市义乌市义亭镇缸窑村
246		金华市东阳市城东街道李宅村
247		金华市东阳市巍山镇白坦村
248		金华市东阳市虎鹿镇厦程里村
249		金华市东阳市虎鹿镇西坞村
250		金华市东阳市马宅镇雅坑村
251		金华市东阳市画水镇天鹅村
252		金华市永康市石柱镇塘里村
253		衢州市柯城区航埠镇北二村
254		衢州市衢江区湖南镇破石村
255		衢州市衢江区黄坛口乡茶坪村
256		衢州市衢江区举村乡翁源村
257		衢州市衢江区举村乡洋坑村

续表

序号	批次	名称
258		衢州市江山市峡口镇三卿口村
259		衢州市江山市峡口镇柴村村
260		衢州市江山市峡口镇广渡村
261		衢州市江山市峡口镇枫石村
262		衢州市江山市廿八都镇浔里村
263		衢州市江山市张村乡秀峰村
264		衢州市江山市张村乡先峰村
265		衢州市江山市塘源口乡洪福村
266		衢州市龙游县湖镇镇星火村
267		衢州市龙游县沐尘畲族乡双戴村
268		衢州市开化县齐溪镇龙门村
269		衢州市开化县长虹乡高田坑村
270		衢州市开化县林山乡姜坞村
271		舟山市定海区金塘镇大鹏岛村
272	第四批 （2016-12-09）	台州市天台县石梁镇迹溪村
273		台州市天台县街头镇后岸村
274		台州市天台县街头镇九遮村
275		台州市天台县南屏乡山头郑村
276		台州市天台县南屏乡上杨村
277		台州市天台县泳溪乡灵坑村
278		台州市仙居县南峰街道管山村
279		台州市仙居县横溪镇苍岭坑村
280		台州市仙居县横溪镇溪头村
281		台州市仙居县横溪镇上江垟村
282		台州市仙居县埠头镇埠头村
283		台州市仙居县埠头镇十都英二村
284		台州市仙居县埠头镇西亚村
285		台州市仙居县田市镇垟塆村
286		台州市仙居县田市镇九思村
287		台州市仙居县田市镇公盂村

续表

序号	批次	名称
288		台州市仙居县下各镇羊棚头村
289		台州市仙居县朱溪镇朱家岸村
290		台州市仙居县朱溪镇上岙村
291		台州市仙居县朱溪镇兴隆村
292		台州市仙居县朱溪镇朱溪村
293		台州市仙居县溪港乡仁庄村
294		台州市仙居县湫山乡方宅村
295		台州市仙居县湫山乡四都村
296		台州市仙居县广度乡祖庙村
297		台州市仙居县广度乡三井村
298		台州市仙居县淡竹乡尚仁村
299		台州市仙居县淡竹乡油溪村
300		台州市仙居县皤滩乡枫树桥村
301		台州市仙居县皤滩乡山下村
302	第四批	台州市仙居县步路乡西炉村
303	（2016-12-09）	台州市仙居县大战乡大战索村
304		台州市仙居县大战乡白岩下村
305		台州市仙居县双庙乡上王村
306		台州市温岭市石塘镇东海村
307		台州市临海市江南街道岙底罗村
308		台州市临海市东塍镇坦头村
309		台州市临海市东塍镇呈歧村
310		台州市临海市汇溪镇善家洋村
311		台州市临海市小芝镇胜坑村
312		台州市临海市小芝镇桥头村石牛坑自然村
313		台州市临海市沿江镇南蒋村
314		台州市临海市白水洋镇大泛村
315		台州市临海市白水洋镇西洋庄村
316		台州市临海市白水洋镇前塘村
317		台州市临海市河头镇殿前村

续表

序号	批次	名称
318		台州市临海市河头镇下湾村
319		台州市临海市括苍镇黄石坦村
320		台州市临海市桃渚镇城里村
321		丽水市莲都区联城街道官桥村
322		丽水市莲都区碧湖镇堰头村
323		丽水市莲都区大港头镇官岭村
324		丽水市莲都区雅溪镇库川村
325		丽水市莲都区雅溪镇龚山村
326		丽水市莲都区峰源乡库坑垟村
327		丽水市莲都区峰源乡赛源村
328		丽水市莲都区峰源乡夏庄村
329		丽水市龙泉市塔石街道炉地垟村
330		丽水市龙泉市塔石街道李山头村
331		丽水市龙泉市八都镇双溪口村
332	第四批	丽水市龙泉市上垟镇源底村
333	（2016-12-09）	丽水市龙泉市小梅镇黄南村
334		丽水市龙泉市小梅镇孙坑村
335		丽水市龙泉市安仁镇李登村
336		丽水市龙泉市安仁镇湖尖下村
337		丽水市龙泉市安仁镇金蝉湖村
338		丽水市龙泉市屏南镇横坑头村
339		丽水市龙泉市屏南镇垟顺村
340		丽水市龙泉市屏南镇石玄铺村
341		丽水市龙泉市兰巨乡梅地村
342		丽水市龙泉市宝溪乡车盂村
343		丽水市龙泉市竹垟乡安坑村
344		丽水市龙泉市道太乡夏安村
345		丽水市龙泉市岩樟乡柳山头村
346		丽水市龙泉市城北乡盛山后村
347		丽水市龙泉市龙南乡杨山头村

序号	批次	名称
348		丽水市龙泉市龙南乡底村
349		丽水市龙泉市龙南乡上南坑村
350		丽水市龙泉市龙南乡大庄村
351		丽水市龙泉市龙南乡金川村
352		丽水市遂昌县云峰街道长濂村
353		丽水市遂昌县北界镇淤弓村下坪自然村
354		丽水市遂昌县应村乡竹溪村斋堂下自然村
355		丽水市遂昌县湖山乡福罗淤村
356		丽水市遂昌县湖山乡姚岭村
357		丽水市遂昌县蔡源乡大柯村
358		丽水市云和县石塘镇竹子坪村
359		丽水市庆元县松源街道九漈村
360		丽水市庆元县五大堡乡西川村
361		丽水市庆元县张村乡南阳村
362	第四批	丽水市庆元县张村乡后溪村
363	(2016-12-09)	丽水市庆元县官塘乡横坑村
364		丽水市庆元县官塘乡白柘洋村
365		丽水市青田县祯旺乡牛路坑村
366		丽水市青田县阜山乡陈宅村
367		丽水市青田县石溪乡考坑村
368		丽水市缙云县新碧街道黄碧虞村
369		丽水市缙云县壶镇镇宫前村
370		丽水市缙云县新建镇笕川村
371		丽水市缙云县东渡镇桃花岭村隘头自然村
372		丽水市缙云县大源镇寮车头村
373		丽水市缙云县大源镇吾丰村
374		丽水市缙云县溶江乡岩门村上官坑自然村
375		丽水市景宁畲族自治县鹤溪街道东弄村
376		丽水市景宁畲族自治县鹤溪街道周湖村
377		丽水市景宁畲族自治县东坑镇桃源村

续表

序号	批次	名称
378		丽水市景宁畲族自治县英川镇隆川村
379		丽水市景宁畲族自治县郑坑乡吴布村
380		丽水市景宁畲族自治县毛垟乡库头村
381		丽水市松阳县玉岩镇玉岩村
382		丽水市松阳县玉岩镇何山头村
383		丽水市松阳县大东坝镇蔡宅村
384		丽水市松阳县大东坝镇内大阴百鸟朝凰自然村
385		丽水市松阳县大东坝镇小后畲
386		丽水市松阳县新兴镇竹园岗头自然村
387		丽水市松阳县新兴镇张山头村
388		丽水市松阳县新兴镇东北头村
389	第四批 (2016-12-09)	丽水市松阳县叶村乡膳垄村
390		丽水市松阳县叶村乡斗米岙村
391		丽水市松阳县斋坛乡下垒村
392		丽水市松阳县三都乡后湾村
393		丽水市松阳县三都乡下田村
394		丽水市松阳县三都乡上田村
395		丽水市松阳县竹源乡呈田村
396		丽水市松阳县竹源乡周岭根村
397		丽水市松阳县四都乡汤城村
398		丽水市松阳县枫坪乡钱余宝钱源旧处自然村
399		丽水市松阳县板桥畲族乡大毛科麒上自然村
400		丽水市松阳县裕溪乡木岱坑村
401		丽水市松阳县安民乡大泮坑村
402		杭州市桐庐县桐君街道梅蓉村
403		杭州市桐庐县莪山畲族乡莪山民族村
404	第五批 (2019-06-06)	杭州市淳安县威坪镇洞源村
405		杭州市淳安县梓桐镇练溪村
406		杭州市淳安县汾口镇赤川口村
407		杭州市淳安县中洲镇札溪村

续表

序号	批次	名称
408		杭州市淳安县中洲镇泂溪村
409		杭州市淳安县枫树岭镇上江村
410		杭州市淳安县左口乡龙源庄村
411		杭州市淳安县王阜乡龙头村
412		杭州市淳安县王阜乡金家畚村
413		杭州市建德市寿昌镇石泉村
414		杭州市建德市寿昌镇乌石村
415		杭州市建德市大慈岩镇檀村村湖塘村
416		杭州市临安区高虹镇石门村
417		杭州市临安区湍口镇塘秀村塘里村
418		宁波市鄞州区塘溪镇童夏家村
419		宁波市象山县墙头镇墙头村
420		宁波市宁海县强蛟镇峡山社区峡山村
421		宁波市慈溪市龙山镇方家河头村
422	第五批	宁波市奉化区大堰镇大堰村
423	（2019-06-06）	宁波市奉化区大堰镇董家村
424		温州市瓯海区泽雅镇水碓坑村
425		温州市永嘉县岩坦镇黄南林坑村
426		温州市永嘉县岩坦镇岩龙村
427		温州市苍南县桥墩镇矴步头村
428		温州市苍南县马站镇龙门村
429		温州市泰顺县罗阳镇上交垟村
430		温州市泰顺县司前畲族镇台边村
431		温州市泰顺县筱村镇东垟村
432		温州市乐清市乐成街道黄檀硐村
433		嘉兴市南湖区凤桥镇新民村
434		嘉兴市海宁市斜桥镇路仲村
435		嘉兴市桐乡市乌镇镇民合村
436		湖州市长兴县煤山镇仰峰村
437		绍兴市越城区东浦街道东浦村

续表

序号	批次	名称
438		绍兴市柯桥区夏履镇双叶村
439		绍兴市上虞区岭南乡梁宅村
440		绍兴市新昌县南明街道班竹村
441		绍兴市新昌县梅渚镇梅渚村
442		绍兴市新昌县镜岭镇西坑村
443		绍兴市新昌县镜岭镇外婆坑村
444		绍兴市新昌县儒岙镇南山村
445		绍兴市嵊州市甘霖镇黄胜堂村
446		绍兴市嵊州市长乐镇小昆村
447		绍兴市嵊州市崇仁镇七八村
448		绍兴市嵊州市通源乡松明培村
449		金华市婺城区汤溪镇上境村
450		金华市婺城区汤溪镇上堰头村
451		金华市婺城区汤溪镇下伊村
452	第五批	金华市婺城区汤溪镇鸽坞塔村
453	（2019-06-06）	金华市婺城区塔石乡岱上村
454		金华市金东区孝顺镇中柔村
455		金华市金东区傅村镇畈田蒋村
456		金华市金东区澧浦镇琐园村
457		金华市金东区澧浦镇蒲塘村
458		金华市金东区澧浦镇郑店村
459		金华市金东区岭下镇岭五村
460		金华市金东区岭下镇后溪村
461		金华市金东区赤松镇仙桥村
462		金华市武义县柳城畲族镇乌漱村
463		金华市武义县柳城畲族镇新塘村
464		金华市武义县柳城畲族镇云溪村
465		金华市武义县白姆乡水阁村
466		金华市武义县坦洪乡上坦村
467		金华市武义县坦洪乡上周村

续表

序号	批次	名称
468		金华市武义县大溪口乡桥头村
469		金华市磐安县安文街道墨林村
470		金华市磐安县九和乡三水潭村
471		金华市兰溪市兰江街道上戴村
472		金华市兰溪市永昌街道下孟塘村
473		金华市兰溪市游埠镇潦溪桥村
474		金华市兰溪市诸葛镇厚伦方村
475		金华市兰溪市黄店镇三泉村
476		金华市兰溪市黄店镇上包村
477		金华市兰溪市黄店镇上唐村
478		金华市兰溪市黄店镇刘家村
479		金华市兰溪市黄店镇桐山后金村
480		金华市兰溪市梅江镇聚仁村
481		金华市义乌市廿三里街道何宅村
482	第五批	金华市义乌市佛堂镇倍磊村
483	（2019-06-06）	金华市义乌市佛堂镇寺前街村
484		金华市义乌市赤岸镇乔亭村
485		金华市义乌市赤岸镇雅端村
486		金华市义乌市赤岸镇雅治街村
487		金华市义乌市赤岸镇东朱村
488		金华市义乌市义亭镇陇头朱村
489		金华市义乌市义亭镇何店村
490		金华市义乌市大陈镇红峰村
491		金华市东阳市六石街道北后周村
492		金华市东阳市六石街道吴良村
493		金华市东阳市巍山镇古渊头村
494		金华市东阳市虎鹿镇葛宅村
495		金华市东阳市湖溪镇郭宅村
496		金华市东阳市三单乡前田村
497		金华市永康市前仓镇大陈村

续表

序号	批次	名称
498		金华市永康市舟山镇舟二村
499		金华市永康市芝英镇芝英一村
500		衢州市柯城区石梁镇双溪村
501		衢州市柯城区航埠镇墩头村
502		衢州市柯城区九华乡妙源村
503		衢州市柯城区九华乡新宅村
504		衢州市柯城区九华乡源口村
505		衢州市柯城区沟溪乡沟溪村
506		衢州市柯城区华墅乡园林村
507		衢州市衢江区湖南镇山尖岙村大丘田村
508		衢州市衢江区云溪乡车塘村
509		衢州市衢江区岭洋乡赖家村
510		衢州市常山县招贤镇五里村
511		衢州市常山县青石镇江家村
512	第五批	衢州市常山县球川镇球川村
513	（2019-06-06）	衢州市常山县辉埠镇大埂村
514		衢州市常山县芳村镇芳村村
515		衢州市常山县同弓乡彤弓山村
516		衢州市常山县东案乡金源村
517		衢州市开化县马金镇霞田村
518		衢州市开化县何田乡陆联村
519		衢州市开化县音坑乡儒山村读经源村
520		衢州市龙游县溪口镇灵山村
521		衢州市龙游县石佛乡西金源村
522		衢州市龙游县大街乡方旦村祝家村
523		衢州市龙游县沐尘畲族乡社里村
524		衢州市江山市清湖街道清湖一村
525		衢州市江山市清湖街道清湖三村
526		衢州市江山市石门镇江郎山村
527		舟山市普陀区东极镇东极社区庙子湖村

续表

序号	批次	名称
528		台州市椒江区下陈街道横河陈村
529		台州市黄岩区北洋镇潮济村
530		台州市黄岩区宁溪镇乌岩头村
531		台州市黄岩区茅畲乡下街村
532		台州市玉环县干江镇炮台村
533		台州市仙居县白塔镇厚仁中街村
534		台州市仙居县上张乡滕山村
535		台州市仙居县上张乡西片村滕庄村
536		台州市仙居县上张乡上张村马安山村
537		台州市三门县横渡镇岩下村
538		丽水市莲都区碧湖镇联济村
539		丽水市莲都区老竹镇梁村村
540		丽水市莲都区仙渡乡梅田村
541		丽水市莲都区峰源乡庞山村西坑村
542	第五批	丽水市缙云县新碧街道黄碧村村
543	（2019-06-06）	丽水市缙云县壶镇镇岩背村
544		丽水市缙云县壶镇镇金竹村
545		丽水市缙云县胡源乡胡村村
546		丽水市遂昌县妙高街道仙岩村汤山头村、阴坑村
547		丽水市遂昌县北界镇苏村村
548		丽水市遂昌县大柘镇车前村
549		丽水市遂昌县石练镇柳村村
550		丽水市遂昌县黄沙腰镇大洞源村
551		丽水市遂昌县黄沙腰镇黄沙腰村
552		丽水市遂昌县濂竹乡大竹小岱村小岱村
553		丽水市遂昌县濂竹乡横坑村
554		丽水市遂昌县濂竹乡千义坑村
555		丽水市遂昌县濂竹乡治岭头村
556		丽水市遂昌县高坪乡茶树坪村
557		丽水市遂昌县高坪乡淡竹村

续表

序号	批次	名称
558		丽水市遂昌县湖山乡三归村大畈村
559		丽水市遂昌县湖山乡奕山村
560		丽水市遂昌县蔡源乡蔡和村
561		丽水市遂昌县西畈乡举淤口村
562		丽水市遂昌县垵口乡徐村村
563		丽水市松阳县大东坝镇七村
564		丽水市松阳县三都乡里庄村
565		丽水市松阳县三都乡上源村
566		丽水市松阳县裕溪乡凤弄源村
567		丽水市云和县崇头镇叶山头村
568		丽水市云和县崇头镇坑下村
569		丽水市云和县安溪乡黄处村
570		丽水市庆元县贤良镇黄淤村黄坛村
571		丽水市庆元县张村乡峇头村
572	第五批	丽水市庆元县江根乡坝头村
573	（2019-06-06）	丽水市庆元县江根乡箸坑村
574		丽水市庆元县龙溪乡转水村
575		丽水市庆元县龙溪乡鱼川村
576		丽水市庆元县龙溪乡冯家山村
577		丽水市庆元县龙溪乡峇里村
578		丽水市景宁县红星街道岗石村
579		丽水市景宁县红星街道金包山村
580		丽水市景宁县鹤溪街道鹤溪村
581		丽水市景宁县渤海镇安亭村
582		丽水市景宁县东坑镇深垟村
583		丽水市景宁县东坑镇徐砦村
584		丽水市景宁县东坑镇章坑村
585		丽水市景宁县东坑镇大张坑村
586		丽水市景宁县东坑镇茗源村
587		丽水市景宁县英川镇英川村

续表

序号	批次	名称
588		丽水市景宁县英川镇董川村
589		丽水市景宁县英川镇黄谢圩村
590		丽水市景宁县英川镇梅漈村
591		丽水市景宁县英川镇王宅村
592		丽水市景宁县英川镇跃垟村
593		丽水市景宁县沙湾镇七里村
594		丽水市景宁县沙湾镇道化村
595		丽水市景宁县沙湾镇何处村
596		丽水市景宁县沙湾镇季庄村
597		丽水市景宁县沙湾镇李处村
598		丽水市景宁县沙湾镇小地村
599		丽水市景宁县沙湾镇叶桥村
600		丽水市景宁县沙湾镇张庄村
601		丽水市景宁县大均乡大均村
602	第五批	丽水市景宁县大均乡李宝村
603	(2019-06-06)	丽水市景宁县澄照乡金丘村
604		丽水市景宁县澄照乡漈头村
605		丽水市景宁县大漈乡小佐村
606		丽水市景宁县景南乡东垟村
607		丽水市景宁县雁溪乡雁溪村
608		丽水市景宁县鸬鹚乡鸬鹚村
609		丽水市景宁县鸬鹚乡仁字坑村
610		丽水市景宁县鸬鹚乡山下村
611		丽水市景宁县鸬鹚乡印章村
612		丽水市景宁县鸬鹚乡驮戬村
613		丽水市景宁县鸬鹚乡徐崇村
614		丽水市景宁县标溪乡标溪村
615		丽水市景宁县标溪乡叶谢村
616		丽水市景宁县毛垟乡毛垟村
617		丽水市景宁县毛垟乡陈坪村

续表

序号	批次	名称
618		丽水市景宁县毛垟乡炉西村
619		丽水市景宁县毛垟乡上沙湾村
620		丽水市景宁县秋炉乡秋炉村
621		丽水市景宁县秋炉乡新塘垟村
622		丽水市景宁县大地乡驮垟村
623		丽水市景宁县大地乡张坑村
624		丽水市景宁县九龙乡高沈村
625		丽水市龙泉市剑池街道周际村
626		丽水市龙泉市住龙镇西井村
627	第五批 （2019-06-06）	丽水市龙泉市屏南镇库租坑村
628		丽水市龙泉市屏南镇上畲村
629		丽水市龙泉市屏南镇地畲村
630		丽水市龙泉市屏南镇南垟村
631		丽水市龙泉市竹垟畲族乡盖竹村
632		丽水市龙泉市道太乡外翁村
633		丽水市龙泉市道太乡荷上畈村
634		丽水市龙泉市城北乡内双溪村
635		丽水市龙泉市龙南乡龙井村
636		丽水市龙泉市龙南乡兴源村

表 7-4　吴越传统村落安徽省（皖南地区）部分

序号	批次	名称
1		黄山市黄山区永丰乡永丰村
2		黄山市徽州区呈坎镇呈坎村
3	第一批 （2012-12-17）	黄山市徽州区呈坎镇灵山村
4		黄山市徽州区潜口镇潜口村
5		黄山市徽州区潜口镇唐模村
6		黄山市祁门县闪里镇坑口村

续表

序号	批次	名称
7	第一批 （2012-12-17）	黄山市休宁县万安镇万安老街
8		黄山市休宁县商山镇黄村
9		黄山市黟县宏村镇宏村
10		黄山市黟县宏村镇卢村
11		黄山市黟县宏村镇屏山村
12		黄山市黟县碧阳镇关麓村
13		黄山市黟县碧阳镇南屏村
14		黄山市黟县西递镇西递村
15		黄山市歙县徽城镇渔梁村
16		黄山市歙县郑村镇棠樾村
17		池州市东至县花园乡南溪古寨
18		池州市贵池区墩上街道渚湖姜村
19		池州市贵池区棠溪镇石门高村
20		宣城市泾县桃花潭镇查济村
21		宣城市泾县榔桥镇黄田村
22		宣城市旌德县白地镇江村
23		宣城市绩溪县瀛洲镇龙川村
24	第二批 （2013-08-26）	黄山市歙县深渡镇阳产村
25		黄山市歙县深渡镇漳潭村
26		黄山市歙县深渡镇漳岭山村
27		黄山市歙县北岸镇瞻淇村
28		黄山市歙县许村镇许村村
29		黄山市歙县雄村乡卖花渔村
30		黄山市歙县雄村乡雄村村
31		黄山市休宁县溪口镇花桥村木梨硔
32		黄山市休宁县陈霞乡里庄村
33		黄山市黟县碧阳镇碧山村
34		黄山市黟县碧阳镇古筑村
35		黄山市黟县碧阳镇古黄村
36		黄山市黟县碧阳镇石亭村

续表

序号	批次	名称
37		黄山市黟县碧阳镇马道村麻田街
38		黄山市黟县宏村镇塔川村
39		黄山市黟县宏村镇秀里村
40		黄山市黟县宏村镇下梓坑村
41		黄山市黟县宏村镇龙川村
42		黄山市黟县渔亭镇团结村
43		黄山市黟县西递镇石印村珠坑
44		黄山市黟县西递镇叶村利源村
45		黄山市黟县柯村乡翠林村
46		黄山市黟县柯村乡竹柯村
47	第二批 （2013-08-26）	黄山市黟县美溪乡美坑村
48		黄山市黟县宏谭乡竹溪村
49		黄山市祁门县历口镇历溪村
50		黄山市祁门县历口镇环砂村
51		池州市贵池区唐田镇沙山嘴文化村
52		池州市东至县东流镇菊江村东流老街
53		池州市东至县龙泉镇观桥村
54		池州市东至县龙泉镇老屋村
55		池州市石台县大演乡严家古村
56		池州市青阳县陵阳镇所村村
57		宣城市绩溪县瀛洲镇仁里村
58		宣城市宁国市胡乐镇胡乐村
59		芜湖市芜湖县红杨镇西河老街
60		黄山市黄山区仙源镇龙山村
61		黄山市黄山区焦村镇郭村
62	第三批 （2014-11-17）	黄山市黄山区三口镇湘潭村
63		黄山市黄山区新丰乡盛洪村
64		黄山市徽州区西溪南镇琶塘村
65		黄山市徽州区西溪南镇西溪南村
66		黄山市歙县霞坑镇石潭村

续表

序号	批次	名称
67		黄山市歙县三阳乡叶村
68		黄山市歙县深渡镇凤池村
69		黄山市歙县深渡镇深渡老街
70		黄山市歙县北岸镇北岸村
71		黄山市休宁县海阳镇万全村
72		黄山市休宁县海阳镇溪头村
73		黄山市休宁县溪口镇祖源村
74		黄山市休宁县流口镇流口村
75		黄山市休宁县汪村镇岭脚村
76		黄山市休宁县汪村镇石屋坑村
77		黄山市休宁县白际乡项山村
78		黄山市休宁县鹤城乡右龙村
79		黄山市黟县碧阳镇余光村
80	第三批	黄山市黟县宏村镇际村
81	（2014-11-17）	黄山市黟县美溪乡兰湖村
82		黄山市祁门县溶口乡奇岭村
83		黄山市祁门县渚口乡大北村
84		黄山市祁门县渚口乡渚口村
85		池州市石台县七都镇高路亭村
86		池州市石台县横渡镇琏溪村
87		池州市石台县仙寓镇南源村
88		池州市石台县仙寓镇河东村
89		池州市石台县大演乡泮巷村
90		宣城市广德县柏垫镇前程村月克冲村
91		宣城市泾县茂林镇奎峰村
92		宣城市泾县云岭镇章渡村
93		宣城市绩溪县上庄镇上庄村
94		宣城市绩溪县伏岭镇湖村
95		宣城市旌德县蔡家桥镇朱旺村
96	第四批（2016-12-09）	马鞍山市含山县运漕镇蓼花洲村

续表

序号	批次	名称
97		铜陵市郊区大通镇和悦村
98		黄山市徽州区潜口镇蜀源村
99		黄山市徽州区西溪南镇竦塘村
100		黄山市歙县北岸镇白杨村
101		黄山市歙县杞梓里镇杞梓里村
102		黄山市歙县杞梓里镇苏村
103		黄山市歙县杞梓里镇滩培村
104		黄山市歙县霞坑镇萌坑村
105		黄山市歙县岔口镇祝筒坦村
106		黄山市歙县岔口镇庐山村
107		黄山市歙县坑口乡柔川村
108		黄山市歙县上丰乡蕃村
109		黄山市歙县昌溪乡沧山源村
110		黄山市歙县森村乡黄备村
111	第四批	黄山市休宁县蓝田镇枧潭村
112	（2016-12-09）	黄山市休宁县蓝田镇五陵村
113		黄山市休宁县鹤城乡樟源里村
114		黄山市黟县碧阳镇柏山立川村
115		黄山市黟县碧阳镇赤岭村
116		黄山市黟县宏村镇江村
117		黄山市黟县宏村镇横断村
118		黄山市黟县渔亭镇桃源村青岭山
119		黄山市黟县西递镇霭峰上村
120		黄山市祁门县芦溪乡芦溪村
121		黄山市祁门县新安乡珠林自然村
122		池州市青阳县陵阳镇上章村
123		池州市青阳县酉华镇宋冲村
124		宣城市宣州区水东镇七岭村
125		宣城市宣州区水东镇东胜村小胡村
126		宣城市泾县桃花潭镇桃花潭村

续表

序号	批次	名称
127		宣城市泾县桃花潭镇厚岸村
128		宣城市泾县桃花潭镇宝峰村
129		宣城市泾县桃花潭镇龙潭村
130		宣城市泾县茂林镇潘村村
131		宣城市泾县榔桥镇溪头村
132		宣城市泾县琴溪镇马头村
133		宣城市泾县黄村镇九峰村
134	第四批	宣城市宁国市港口镇山门村
135	（2016-12-09）	宣城市宁国市霞西镇白茂村
136		宣城市绩溪县上庄镇石家村
137		宣城市绩溪县上庄镇宅坦村
138		宣城市绩溪县伏岭镇伏岭村
139		宣城市绩溪县家朋乡尚村
140		宣城市绩溪县家朋乡霞水村
141		宣城市旌德县蔡家桥镇乔亭村
142		宣城市旌德县俞村镇仕川村
143		铜陵市郊区铜山镇南泉村岭上吴村
144		铜陵市枞阳县陈瑶湖镇水圩村
145		铜陵市义安区天门镇板桥村江村
146		黄山市黄山区甘棠镇庄里村
147		黄山市黄山区仙源镇水东村
148		黄山市黄山区汤口镇芳村
149	第五批	黄山市黄山区三口镇联中村
150	（2019-06-06）	黄山市黄山区乌石镇长芦村
151		黄山市徽州区岩寺镇洪坑村
152		黄山市徽州区富溪乡光明村
153		黄山市徽州区富溪乡碣石村
154		黄山市歙县徽城镇就田村
155		黄山市歙县深渡镇外河坑村
156		黄山市歙县深渡镇棉溪村

续表

序号	批次	名称
157		黄山市歙县深渡镇洪济村
158		黄山市歙县深渡镇三源村
159		黄山市歙县深渡镇定潭村
160		黄山市歙县深渡镇绵潭村
161		黄山市歙县深渡镇九砂村
162		黄山市歙县深渡镇琶坑村
163		黄山市歙县深渡镇安梅村
164		黄山市歙县深渡镇下产村
165		黄山市歙县北岸镇显村
166		黄山市歙县北岸镇五渡村
167		黄山市歙县北岸镇大阜村
168		黄山市歙县北岸镇长坑村
169		黄山市歙县北岸镇槐棠村
170		黄山市歙县北岸镇高山村
171	第五批	黄山市歙县北岸镇留村
172	（2019-06-06）	黄山市歙县北岸镇堨田村
173		黄山市歙县富堨镇三田村
174		黄山市歙县富堨镇高金村
175		黄山市歙县富堨镇富堨村
176		黄山市歙县富堨镇仁里村
177		黄山市歙县郑村镇稠墅村
178		黄山市歙县郑村镇郑村
179		黄山市歙县郑村镇潭渡村
180		黄山市歙县桂林镇西坑村
181		黄山市歙县桂林镇双河村
182		黄山市歙县许村镇箬岭村
183		黄山市歙县许村镇环泉村
184		黄山市歙县许村镇金村
185		黄山市歙县许村镇沙堨村
186		黄山市歙县许村镇姚家村

续表

序号	批次	名称
187		黄山市歙县许村镇东山村
188		黄山市歙县溪头镇汪岔村
189		黄山市歙县溪头镇金锅岭村
190		黄山市歙县溪头镇竹园村
191		黄山市歙县溪头镇竦坑村
192		黄山市歙县溪头镇桃岭村
193		黄山市歙县溪头镇晔岔村
194		黄山市歙县溪头镇蓝田村
195		黄山市歙县溪头镇汪满田村
196		黄山市歙县杞梓里镇铜山村
197		黄山市歙县杞梓里镇大备坑村
198		黄山市歙县杞梓里镇上坑村
199		黄山市歙县杞梓里镇齐武村
200		黄山市歙县杞梓里镇外磻村
201	第五批 （2019-06-06）	黄山市歙县杞梓里镇车田村
202		黄山市歙县杞梓里镇唐里村
203		黄山市歙县杞梓里镇磻溪村
204		黄山市歙县杞梓里镇坡山村
205		黄山市歙县杞梓里镇金竹村
206		黄山市歙县杞梓里镇水竹坑村
207		黄山市歙县杞梓里镇英坑村
208		黄山市歙县霞坑镇鸿飞村
209		黄山市歙县霞坑镇洪琴村
210		黄山市歙县霞坑镇里方村
211		黄山市歙县霞坑镇北山村
212		黄山市歙县霞坑镇士川村
213		黄山市歙县霞坑镇村头村
214		黄山市歙县霞坑镇察坑村
215		黄山市歙县霞坑镇科村
216		黄山市歙县霞坑镇水川村

续表

序号	批次	名称
217		黄山市歙县霞坑镇溪上村
218		黄山市歙县岔口镇茶园坪村
219		黄山市歙县岔口镇庙前村
220		黄山市歙县岔口镇岭里村
221		黄山市歙县岔口镇井潭村
222		黄山市歙县岔口镇金村
223		黄山市歙县岔口镇益州村
224		黄山市歙县岔口镇岔口村
225		黄山市歙县岔口镇高演村
226		黄山市歙县街口镇街口村
227		黄山市歙县坑口乡汪村
228		黄山市歙县坑口乡瀹坑村
229		黄山市歙县坑口乡瀹潭村
230		黄山市歙县坑口乡瀹岭坞村
231	第五批	黄山市歙县雄村镇义成村
232	（2019-06-06）	黄山市歙县雄村镇浦口村
233		黄山市歙县雄村镇航步村
234		黄山市歙县雄村镇庄源村
235		黄山市歙县上丰乡上丰村
236		黄山市歙县上丰乡屯田村
237		黄山市歙县上丰乡赵村
238		黄山市歙县上丰乡里溪村
239		黄山市歙县上丰乡杨家坦村
240		黄山市歙县昌溪乡万二村
241		黄山市歙县昌溪乡昌溪村
242		黄山市歙县昌溪乡关山村
243		黄山市歙县武阳乡武阳村
244		黄山市歙县武阳乡梅川村
245		黄山市歙县武阳乡约里村
246		黄山市歙县武阳乡峰山村

续表

序号	批次	名称
247		黄山市歙县三阳镇三阳村
248		黄山市歙县三阳镇崇山村
249		黄山市歙县三阳镇竹铺村
250		黄山市歙县三阳镇竹源村
251		黄山市歙县三阳镇岭脚村
252		黄山市歙县三阳镇中村
253		黄山市歙县三阳镇荷花形村
254		黄山市歙县三阳镇外南庄村
255		黄山市歙县三阳镇英川村
256		黄山市歙县三阳镇慈坑村
257		黄山市歙县金川乡金川村
258		黄山市歙县金川乡柏川村
259		黄山市歙县金川乡山郭村
260		黄山市歙县小川乡田庄村
261	第五批	黄山市歙县小川乡盘苏村
262	（2019-06-06）	黄山市歙县小川乡西坡村
263		黄山市歙县新溪口乡太平村
264		黄山市歙县璜田乡六联村
265		黄山市歙县璜田乡璜田村
266		黄山市歙县璜田乡蜈蚣岭村
267		黄山市歙县璜田乡源头村
268		黄山市歙县璜田乡天堂村
269		黄山市歙县森村乡绍村
270		黄山市歙县森村乡渔岸村
271		黄山市歙县森村乡满田村
272		黄山市歙县森村乡鸡川村
273		黄山市歙县森村乡皋径村
274		黄山市歙县森村乡隐里村
275		黄山市歙县绍濂乡坑口村
276		黄山市歙县石门乡青峰村

续表

序号	批次	名称
277		黄山市休宁县五城镇月潭村
278		黄山市休宁县五城镇五城村
279		黄山市休宁县蓝田镇前川村
280		黄山市休宁县蓝田镇秋洪川村
281		黄山市休宁县溪口镇小坑村
282		黄山市休宁县溪口镇源头村
283		黄山市休宁县流口镇茗洲村
284		黄山市休宁县流口镇泉坑村
285		黄山市休宁县汪村镇左源村
286		黄山市休宁县汪村镇广源村
287		黄山市休宁县汪村镇麻田村
288		黄山市休宁县汪村镇大连村
289		黄山市休宁县商山镇双桥村
290		黄山市休宁县山斗乡金源村
291	第五批	黄山市休宁县板桥乡杨林湾村
292	（2019-06-06）	黄山市休宁县板桥乡梓坞村
293		黄山市休宁县鹤城乡高坑村
294		黄山市休宁县榆村乡富溪村
295		黄山市黟县碧阳镇光村
296		黄山市黟县碧阳镇南门村
297		黄山市黟县碧阳镇郭门村
298		黄山市黟县碧阳镇西街村
299		黄山市黟县宏村镇万村
300		黄山市黟县宏村镇蜀里村
301		黄山市黟县宏村镇蓬厦村
302		黄山市黟县宏村镇历舍村
303		黄山市黟县西递镇燕川村
304		黄山市黟县柯村镇东坑村
305		黄山市黟县宏潭乡佘溪上村
306		黄山市黟县宏潭乡宏潭村

续表

序号	批次	名称
307		黄山市黟县洪星乡奕村
308		黄山市祁门县祁山镇六都村
309		黄山市祁门县历口镇彭龙村
310		黄山市祁门县历口镇许村村
311		黄山市祁门县历口镇武陵村
312		黄山市祁门县闪里镇文堂村
313		黄山市祁门县闪里镇桃源村
314		黄山市祁门县安凌镇广联村
315		黄山市祁门县新安镇高塘村
316		黄山市祁门县新安镇炼丹石村
317		黄山市祁门县柏溪乡柏溪村
318		黄山市祁门县祁红乡塘坑头村
319		黄山市祁门县芦溪乡奇口村
320		黄山市祁门县芦溪乡查湾村
321	第五批	黄山市祁门县古溪乡黄龙口村
322	（2019-06-06）	黄山市祁门县箬坑乡伦坑村
323		黄山市祁门县箬坑乡下汪村
324		黄山市祁门县箬坑乡马山村
325		池州市贵池区墩上街道茅坦村
326		池州市贵池区梅街镇刘街村
327		池州市东至县尧渡镇尚合村阳山村
328		池州市东至县尧渡镇高岭村胡村
329		池州市东至县木塔乡木塔村木塔口村
330		池州市石台县仙寓镇奇峰村
331		池州市青阳县陵阳镇陵阳村
332		宣城市郎溪县飞鲤镇裴村
333		宣城市广德县四合乡宏霞村遐嵩林村
334		宣城市广德县四合乡耿村村大耿村
335		宣城市泾县茂林镇茂林村
336		宣城市泾县榔桥镇涌溪村

续表

序号	批次	名称
337		宣城市泾县榔桥镇浙溪村
338		宣城市泾县榔桥镇乌溪村
339		宣城市泾县榔桥镇西阳村
340		宣城市泾县榔桥镇双河村
341		宣城市泾县琴溪镇赤滩村
342		宣城市泾县云岭镇郭峰村冰山村
343		宣城市泾县云岭镇中村村
344		宣城市泾县云岭镇靠山村
345		宣城市泾县黄村镇安吴村
346		宣城市泾县丁家桥镇后山村
347		宣城市泾县丁家桥镇小岭村
348		宣城市绩溪县临溪镇孔灵村
349		宣城市绩溪县长安镇镇头村
350		宣城市绩溪县长安镇浩寨村冯村
351	第五批	宣城市绩溪县长安镇庄团村
352	（2019-06-06）	宣城市绩溪县长安镇坦头村
353		宣城市绩溪县上庄镇旺川村
354		宣城市绩溪县扬溪镇石门村
355		宣城市绩溪县伏岭镇西川村
356		宣城市绩溪县伏岭镇水村
357		宣城市绩溪县伏岭镇北村
358		宣城市绩溪县伏岭镇江南村
359		宣城市绩溪县伏岭镇胡家村
360		宣城市绩溪县瀛洲镇瀛洲村汪村
361		宣城市绩溪县板桥头乡蜀马村
362		宣城市绩溪县家朋乡磡头村
363		宣城市绩溪县家朋乡松木岭村
364		宣城市绩溪县家朋乡鱼龙山村
365		宣城市旌德县庙首镇庙首村
366		宣城市宁国市仙霞镇仙霞村
367		宣城市宁国市云梯畲族乡千秋畲族村

表7-5 吴越传统村落江西省（赣东北地区）部分

序号	批次	名称
1	第一批 （2012-12-17）	景德镇市浮梁县江村乡严台村
2		景德镇市浮梁县勒功乡沧溪村
3		景德镇市浮梁县浮梁镇旧城村
4		景德镇市浮梁县瑶里镇高岭村
5		景德镇市浮梁县瑶里镇绕南村
6		景德镇市浮梁县峙滩乡英溪村
7		上饶市婺源县江湾镇江湾村
8		上饶市婺源县江湾镇汪口村
9		上饶市婺源县思口镇延村
10		上饶市婺源县沱川乡理坑村
11		上饶市婺源县浙源乡虹关村
12	第二批 （2013-08-26）	景德镇市浮梁县西湖乡磻溪村
13		景德镇市乐平市洎阳街道北门村
14		景德镇市乐平市名口镇名口村
15		景德镇市乐平市双田镇横路村
16		景德镇市乐平市涌山镇涌山村
17		景德镇市乐平市塔前镇下徐村
18		景德镇市乐平市塔前镇上徐村
19		上饶市铅山县太源畲族乡西坑村查家岭
20		上饶市婺源县清华镇洪村村
21		上饶市婺源县秋口镇李坑村
22		上饶市婺源县秋口镇长径村
23		上饶市婺源县江湾镇晓起村
24		上饶市婺源县思口镇西冲村
25		上饶市婺源县思口镇思溪村
26		上饶市婺源县镇头镇游山村
27		上饶市婺源县段莘乡庆源村
28		上饶市婺源县浙源乡岭脚村
29		上饶市婺源县浙源乡凤山村

续表

序号	批次	名称
30		景德镇市浮梁县瑶里镇瑶里村
31		九江市湖口县流泗镇庄前潘村
32		上饶市玉山县双明镇漏底村
33	第三批 （2014-11-17）	上饶市铅山县石塘镇石塘村
34		上饶市婺源县清华镇诗春村
35		上饶市婺源县江湾镇篁岭村
36		上饶市婺源县中云镇豸峰村
37		上饶市婺源县沱川乡篁村
38		景德镇市浮梁县蛟潭镇礼芳村
39		景德镇市浮梁县蛟潭镇胡宅村
40		上饶市婺源县赋春镇上严田村
41	第四批 （2016-12-09）	上饶市婺源县赋春镇甲路村
42		上饶市婺源县段莘乡东山村
43		上饶市婺源县大鄣山乡黄村村
44		上饶市广丰区东阳乡龙溪村
45		景德镇市浮梁县鹅湖镇桃岭村楚岗村
46		景德镇市浮梁县经公桥镇鸦桥村
47		景德镇市浮梁县瑶里镇五华村
48		景德镇市浮梁县峙滩镇龙潭村
49		景德镇市浮梁县兴田乡城门村
50		景德镇市浮梁县兴田乡程家山村龙源村
51	第五批 （2019-06-06）	景德镇市浮梁县江村乡诰峰村
52		景德镇市浮梁县江村乡江村村
53		景德镇市乐平市镇桥镇浒崦村
54		景德镇市乐平市涌山镇东岗村石峡村
55		景德镇市乐平市涌山镇车溪村
56		景德镇市乐平市洪岩镇小坑村
57		景德镇市乐平市双田镇耆德村
58		上饶市广丰区嵩峰乡十都村
59		上饶市玉山县仙岩镇官溪社区

续表

序号	批次	名称
60	第五批 （2019-06-06）	上饶市铅山县陈坊乡陈坊村
61		上饶市铅山县太源畲族乡太源村水美村
62		上饶市横峰县葛源镇枫林村
63		上饶市鄱阳县莲花山乡清溪村新屋下村
64		上饶市鄱阳县枧田街乡丰田村
65		上饶市婺源县思口镇河山坦村新源村
66		上饶市婺源县思口镇长滩村龙腾上村
67		上饶市婺源县中云镇桃溪村坑头村
68		上饶市婺源县大鄣山乡菊径村
69		上饶市婺源县大鄣山乡水岚村
70		上饶市德兴市海口镇海口村

注：本附录根据住房城乡建设部、文化部（现文化和旅游部）、财政部等政府部门公布的五批中国传统村落名录（2012—2019）整理而得。

后记

AFTERWORD

中国传统村落作为中华文化遗产的重要载体，承载着中华民族的历史记忆，是人类农耕文明的重要见证，也是中华民族认同的根源，具有重要的文化价值、生态价值和经济价值。但在快速城镇化、现代化的冲击下，中国传统村落正在面临生存的挑战。传统村落的消失不仅意味着村落建筑的消亡，更意味着传统村落所蕴含的文化价值的消亡。近几十年来，随着经济的大发展以及城镇化的推进，大量青壮年走出乡村，定居城市，传统村落面临着"空心化"的窘境。如今，国家已经充分意识到传统村落保护的重要性，采取了一系列的保护措施。

"中国传统村落文化抢救与研究"系列丛书于2016年入选了"十三五"出版规划。本套丛书从文化区、物质文化、非物质文化三个方面全方位阐释中国传统村落文化。其第一辑文化区系列于2020年付梓，项目从策划到出版历时近5年。

一本书的诞生，包含着主编、编写者、编辑、校对、审读专家等众多参与者的心血。为了保证图书的如期出版，每个人都奉献和付出了许多。

感谢每一位编写者的勤勉，在繁重的教学和科研任务压力之下，他们利用每一个休息的空隙，孜孜不倦地书写着中国传统村落的过去、现在和未来，用朴实真挚的文字记录着村落的每一次成长与新生。

本书还配有大量精美图片帮助读者解读内容，但由于信息的更迭和转换，仍然有个别图片找不到原始版权的所有人。希望读到这本书，或者通过其他途径获取到这个信息的版权人，发送邮件至459202365@qq.com，主动与我们取得联系，我们感谢您的理解和支持。

我们本着保护和弘扬村落文化的初心，试图对中国传统村落进行一次科学的梳理、抢救性记录和提出保护建议，通过深度挖掘传统村落的价值，重新唤起社会关注，重振乡居生活方式。让越来越多的人通过阅读，了解传统村落文化的美好与珍贵，从而加入到保护者的行列。

2020年，突如其来的新冠肺炎疫情打乱了每个人的生活工作节奏，但是大家克服了自身的困难和心里的不安，携手走到了最后。再次感谢参与这套丛书出版的每一个人，大家的努力与付出，才促成了图书的成功付梓。我们撒下关爱村落的种子，期待在不久的未来它将长成参天大树，将传统村落文化扎根于每一位读者心间，愿这套丛书为传统村落文化的传承贡献一份微薄的力量。

丛书编委会
2020年12月